득점력을 높이는
농구 공격 전술

SHIRUDAKEDE TSUYOKUNARU BASKETBALL KOUGEKI FORMATION NYUMON
ⓒ IKEDA PUBLISHING CO., LTD. 2013
Originally published in Japan in 2013 by IKEDA PUBLISHING CO., LTD TOKYO,
Korean translation rights arranged with IKEDA PUBLISHING CO., LTD TOKYO,
through TOHAN CORPORATION, TOKYO, and BC Agency, SEOUL.

이 책의 한국어판 저작권은 BC 에이전시를 통한 저작권자와의 독점 계약으로
삼호미디어에 있습니다. 저작권법에 의해 한국 내에서 보호를 받는 저작물이므로
무단전재와 복제를 금합니다.

BASKETBALL

득점력을 높이는
농구
공격 전술

머리말

끊임없이 추구해 온 것은
언제나 기본 안에 있었다

현역을 은퇴한 뒤 저는 '기본'의 중요성을 새삼 깨달았습니다. 물론 현역 시절에도 기초의 중요성은 이해하고 있었습니다만, 그동안의 농구 인생을 되돌아보니 제가 끊임없이 추구해 온 것은 전부 기본 속에 있었음을 실감할 수 있었습니다.

앞날이 창창한 어린 선수는 특히 새로운 것, 고도의 플레이에 열광하기 쉽습니다. 미래를 향해 달리고 있는 그들에게 과거에 배운 기본의 중요성을 이해시키기는 어려운 일입니다. 하지만 모범이 되어야 할 어른까지 기본을 소홀히 여겨서는 안 됩니다. 새로운 연습이나 포메이션을 도입하는 것은 물론 실력 향상에 도움이 되는 긍정적인 일이지만, 기초가 되는 것이 무엇인지 거듭 살피고, 몸과 마음으로 되새기는 일도 그 못지않게 중요합니다.

이 책에 복잡한 포메이션은 싣지 않았습니다. 대신 농구의 핵심이 되는 기본적인 움직임에 담긴 의미와 효과를 상세하게 해설했습니다. 이 책을 읽고 다시 한 번 '기본'으로 돌아가 농구의 본질을 재인식하게 된다면 저자로서 무척 기쁠 것입니다.

사코 겐이치

이 책을 이용하는 법

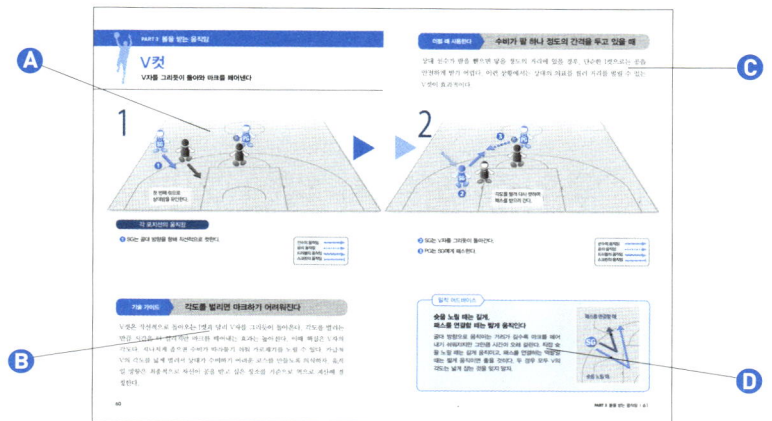

Ⓐ 코트 상황 그림 & 설명
일러스트와 동선 화살표를 이용해 볼의 흐름과 플레이어의 움직임을 한눈에 알 수 있도록 하고 포인트가 되는 설명을 덧붙였다.

Ⓑ 기술 가이드
기술 및 포메이션의 기본 이론과 그로써 노릴 수 있는 효과, 실제로 구사할 경우의 주의사항 등 구체적인 해설을 실었다.

Ⓒ 이럴 때 사용한다
그림으로 소개하는 플레이를 실제 경기의 어떤 상황에서 활용하면 효과적인지 설명한다.

Ⓓ 밀착 어드바이스
프로 선수였던 저자의 눈으로 날카롭게 바라본 조언을 실었다. 실전에서 유용한 테크닉이 가득하다.

아이콘 보는 법

공격 팀
자기 팀의 아이콘. 가슴에 포지션을 표기했다.

수비 팀
상대 팀의 아이콘. 기본적으로 수비 측이 된다.

화살표의 종류

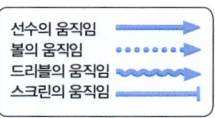

선수의 움직임
볼의 움직임
드리블의 움직임
스크린의 움직임

공격 팀의 움직임은 푸른색, 상대 팀의 움직임은 회색으로 표시했다.

CONTENTS

머리말 • 4
이 책을 이용하는 법 • 5
농구 코트의 명칭과 규격 • 12

PART 1
공격 시 우위를 점하기 위한 기본 원칙

로테이션을 간파하고 빈틈을 찾아낸다 ······ 14
볼 라인을 내려서 수비를 움직이게 한다 ······ 16
동료 선수와의 거리를 의식하며 플로어 밸런스를 유지한다 ······ 18
플레이의 선택과 타이밍을 의식하라 ······ 20
팀이 가진 강점을 찾아내고 이를 극대화하는 전술을 구사한다 ······ 22

농구 용어 다시보기 ······ 24

PART 2
각 포지션의 역할과 특징

기본 개념과 기초 지식 ······ 26
포지션 1 포인트가드 ······ 28
포지션 2 슈팅가드 ······ 32
포지션 3 스몰포워드 ······ 36
포지션 4 파워포워드 ······ 40
포지션 5 센터 ······ 44

농구 용어 다시보기 ······ 48

PART 3
볼을 받는 움직임

기본 개념과 기초 지식 …………………………………… 50

볼을 받는 자세 …………………………………………… 52

미트 ………………………………………………………… 54

I컷 ………………………………………………………… 56

V컷 ………………………………………………………… 58

L컷 ………………………………………………………… 60

C컷 ………………………………………………………… 62

볼 사이드 컷 ……………………………………………… 64

하이포스트에서 볼을 받는다 …………………………… 66

로포스트에서 볼을 받는다 ……………………………… 68

손으로 건네받는다 ……………………………………… 70

스크린을 이용해서 볼을 받는다① V컷 ……………… 72

스크린을 이용해서 볼을 받는다② 컬 컷 …………… 74

스크린을 이용해서 볼을 받는다③ Z컷 ……………… 76

스크린을 이용해서 볼을 받는다④ 플레어 컷 ……… 78

스크린을 이용해서 볼을 받는다⑤ 백 컷 …………… 80

리바운드한 볼을 받는다① 속공의 원칙 …………… 82

리바운드한 볼을 받는다② 지공의 원칙 …………… 84

농구 용어 다시보기 ……………………………………… 86

PART 4
볼을 움직이는 방법

기본 개념과 기초 지식	**88**
패스의 거리	**90**
아웃사이드에서 돌린다	**92**
하이포스트에 볼을 투입한다	**94**
로포스트에 볼을 투입한다	**96**
하이포스트에서 패스 아웃	**98**
로포스트에서 패스 아웃	**100**
한 명을 건너뛰고 패스①	**102**
한 명을 건너뛰고 패스②	**104**
빈 공간으로 패스	**106**
전방을 향해 롱 패스	**108**
농구 용어 다시보기	**110**

PART 5
오프 더 볼에서의 움직임

기본 개념과 기초 지식 ………………………………………… 112
동료와 연동해서 움직인다① ………………………………… 114
동료와 연동해서 움직인다② ………………………………… 116
패스한 직후 움직인다① 패스 앤드 런 ……………………… 118
패스한 직후 움직인다② 어웨이 스크린 …………………… 120
패스한 직후 움직인다③ 볼 스크린 ………………………… 122
하이포스트로 이동한다① 인사이드 플레이어가 움직인다 ……… 124
하이포스트로 이동한다② 아웃사이드 플레이어가 움직인다 …… 126
로포스트로 이동한다 ………………………………………… 128
포스트의 로테이션 …………………………………………… 130
스크린을 걸기 위해 움직인다① 픽 앤드 롤 ……………… 132
스크린을 걸기 위해 움직인다② 다운 스크린 …………… 134
스크린을 걸기 위해 움직인다③ 업 스크린 ……………… 136
스크린을 걸기 위해 움직인다④ 스크린 견제의 역이용 ……… 138
스크린을 걸기 위해 움직인다⑤ 픽 더 피커 ……………… 140
리바운드를 위해 움직인다 …………………………………… 142

농구 용어 다시보기 …………………………………………… 144

PART 6
연계 플레이의 움직임

기본 개념과 기초 지식 ·· **146**

연계 플레이의 원칙① 드리블러와 인사이드 플레이어의 원칙 ············· **148**

연계 플레이의 원칙② 아웃사이드 플레이어의 원칙 ·························· **150**

톱에서의 드라이브에 연계① 더블 로포스트의 상황 ························· **152**

톱에서의 드라이브에 연계② 4아웃 1인의 상황 ······························· **154**

톱에서의 드라이브에 연계③ 볼 스크린으로 시작 ····························· **156**

윙에서의 드라이브에 연계① 더블 로포스트의 상황 ························· **160**

윙에서의 드라이브에 연계② 하이 & 로포스트의 상황 ······················ **162**

윙에서의 드라이브에 연계③ 4아웃 1인의 상황 ······························· **164**

코너에서의 드라이브에 연계① 더블 로포스트의 상황 ······················ **168**

코너에서의 드라이브에 연계② 하이 & 로포스트의 상황 ·················· **170**

코너에서의 드라이브에 연계③ 4아웃 1인의 상황 ···························· **172**

로포스트 플레이어와 연계① 슬라이드로 연계 ·································· **174**

로포스트 플레이어와 연계② 컷으로 연계 ·· **178**

농구 용어 다시보기 ··· **180**

PART 7
속공을 전개하는 방법

기본 개념과 기초 지식 ·········· **182**
속공의 레인 ·········· **184**
PG · SG · SF의 레인 ·········· **186**
PF · C의 레인 ·········· **188**
3 대 2의 속공① 수비진이 가로일 때 ·········· **190**
3 대 2의 속공② 수비진이 세로일 때 ·········· **192**
3 대 3의 속공 ·········· **194**
4 대 3의 속공 ·········· **196**

농구 용어 다시보기 ·········· **198**

PART 8
경기를 진행하는 방법

기본 개념과 기초 지식 ·········· **200**
게임 플랜을 세우는 방법 ·········· **202**
타임아웃을 이용하는 방법 ·········· **204**
선수 교체를 이용하는 방법 ·········· **206**
시간을 이용하는 방법 ·········· **208**
파울 작전 ·········· **210**

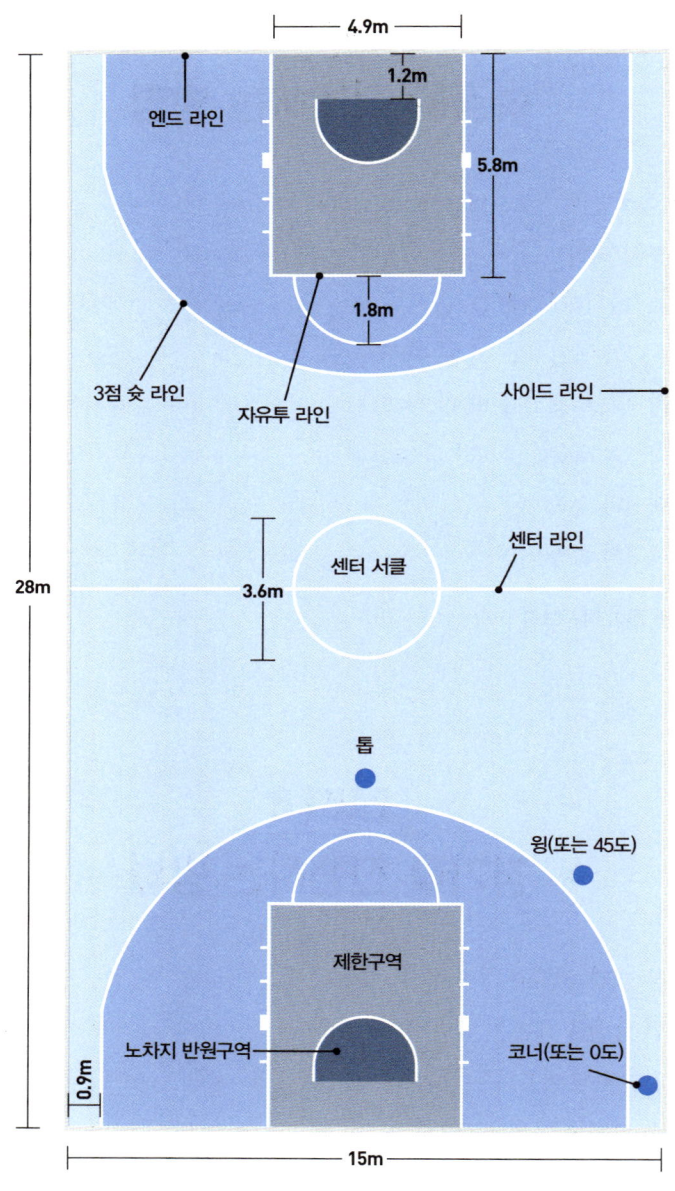

PART 1
공격 시 우위를 점하기 위한 기본 원칙

공격의 목적은 점수를 내는 것이다. 그러나 무작정 슛을 던져서는 득점하기 어렵다. 상대를 확실히 무너트린 다음 슛을 할 수 있느냐가 중요하다. 첫 파트에서는 공격을 유리하게 전개해 득점 확률이 높은 이지 슛을 만들기 위한 플레이의 기본을 소개한다.

공격 시 우위를 점하기 위한 기본 원칙 ①

'로테이션'을 간파하고 빈틈을 찾아낸다!

Rotation

수비의 로테이션을 간파한 공격 전개

볼 맨과 대치하는 상대 선수가 돌파당했을 경우, 근처에 있는 다른 수비수가 그 볼 맨을 체크한다. 이러한 일련의 움직임을 수비의 로테이션이라고 한다. 이것은 맨투맨뿐만 아니라 공간을 지키는 지역 방어에서도 이루어진다. 누가 어떻게 로테이션을 할지는 팀의 방침에 따라 달라지지만, 강한 팀은 이에 대한 인식과 기준이 정확하기 때문에 설령 한 명이 돌파를 당하더라도, 그대로 노 마크 슛을 허용하는 상황에는 이르지 않는다.

공격 측이 공격을 유리하게 전개하기 위해서는 상대 선수를 움직이게 해서 로테이션 시 발생하는 미스매치를 찾아내는 것이 중요하다. 따라서 경기에서는 어디를 무너뜨렸을 때 상대가 어떻게 로테이션을 하는지를 간파하고, 그 약점을 파고드는 공격을 전개할 수 있느냐가 승부의 열쇠가 된다.

수비 로테이션 예시

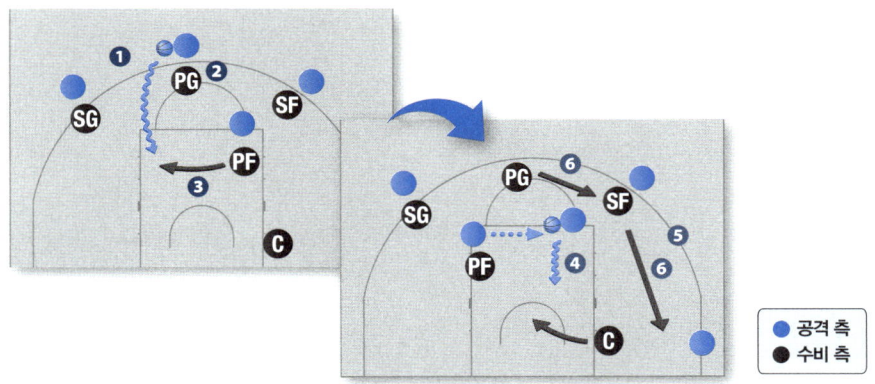

❶ 볼 맨이 드라이브를 시도한다.
❷ 수비 측 PG가 돌파당했다.
❸ 하이포스트에 있는 PF가 로테이션을 한다.
❹ 볼 맨이 하이포스트 플레이어에게 패스한다.
❺ 코너에 있었던 C가 로테이션을 한다.
❻ 윙에 있는 SF나 돌파를 당한 PG가 순차적으로 로테이션을 한다.

공격 시 우위를 점하기 위한 기본 원칙 ②

'볼 라인'을 내려서 수비를 움직이게 한다!

Ball Line

볼 라인을 흔든다

코트 위에서 공과 사이드 라인을 연결한 선을 볼 라인이라고 부른다. 이 라인의 높낮이에 변화를 주는 것이 공격의 원칙이 된다. 톱(90도)과 윙(45도)의 사이에서 볼을 돌리고 있는 상황, 즉 볼 라인이 높은 상황이라면 수비 측은 크게 움직이지 않아도 수비가 가능하다. 그러나 일단 볼이 코너(0도)나 포스트에 들어가 볼 라인이 내려가면 수비 측에는 많은 움직임이 요구된다. 때로는 로테이션을 해서 마크를 주고받아야 할 경우도 생긴다.

일반적으로 볼 라인이 자유투 라인보다 낮아지면 수비가 움직이는 거리는 2~3배 증가한다고 한다. 요컨대 볼 라인을 올리고 내리면 수비 측이 더욱 크게 움직이게 되어 마크에 빈틈이 생길 확률이 높아지는 것이다.

볼 라인의 높이 예시

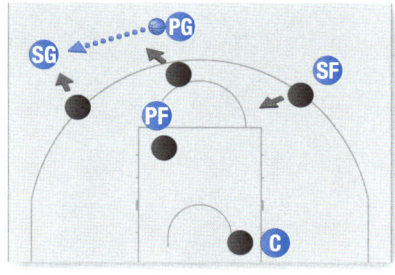

볼 라인이 높은 상태로 유지된다

톱에서 윙으로 패스할 때는 볼 라인의 이동이 크지 않기 때문에 수비 측이 움직이는 거리가 짧다.

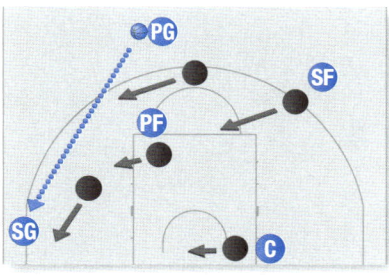

볼 라인이 급격하게 내려간다

톱에서 코너로 패스할 때는 볼 라인이 크게 낮아지기 때문에 수비 측이 움직이는 거리가 길어진다.

● 공격 측
● 수비 측

공격 시 우위를 점하기 위한 기본 원칙 ③

'동료 선수와의 거리'를 의식하며 플로어 밸런스를 유지한다!

Floor Balance

선수 간의 거리, 플로어 밸런스를 유지한다

농구에서는 각 선수끼리 4~6미터의 거리를 유지할 때 가장 효율적으로 패스를 돌릴 수 있다고 알려져 있다. 아웃사이드에서의 포지셔닝 위치를 말할 때 흔히 톱, 윙, 코너라는 명칭을 사용하는데, 사실은 이 지점 사이의 거리도 4~6미터다. 플로어 밸런스라는 개념의 밑바탕에도 이 '동료 간의 거리'가 전제되어 있다. 가령 아웃사이드 플레이어가 톱과 좌우 윙에 포지셔닝을 하고 있다고 가정하자. 이때 윙의 선수가 코너로 이동했는데 다른 두 선수가 그 자리에 계속 머무른다면 어떤 일이 일어날까? 답은 간단하다. 이동한 선수와의 거리가 멀어져 원활한 패스가 이뤄질 수 없게 된다. 그렇기 때문에 톱과 반대 사이드 윙의 선수도 동시에 슬라이드해 동료 간 거리의 균형을 유지한다. 이것이 플로어 밸런스의 개념이다.

플로어 밸런스의 예시

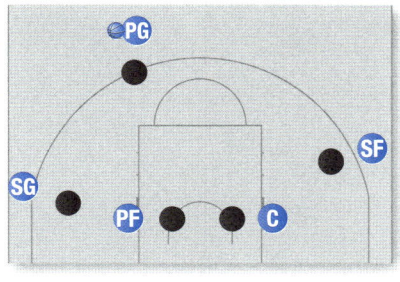

플로어 밸런스가 무너졌다
아웃사이드의 거리가 너무 멀어 플로어 밸런스가 나쁜 예. 이런 상황에서는 PG가 고립되어 패스를 할 수 없다.

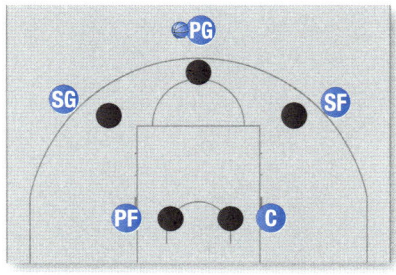

플로어 밸런스가 유지되고 있다
동료 선수 간 거리가 적절해 플로어 밸런스가 좋다. PG는 SG와 SF 양쪽에 패스할 수 있다.

● 공격 측
● 수비 측

공격 시 우위를 점하기 위한 기본 원칙 ④

플레이의 '선택과 타이밍'을 의식하라!

Selection & Timing

플레이의 선택과 타이밍이 경기 흐름을 이끈다

야구의 경우는 '공을 쳤으면 달린다.', '공을 잡았으면 던진다.'와 같은 식으로 해야 할 플레이와 타이밍이 명확히 정해져 있다. 그러나 농구는 그렇지가 않다. '달린다', '패스한다', '패스를 받는다', '슛을 한다' 등 코트 위의 모든 움직임을 스스로 결정해 실행해야 한다.

다만 그렇다고 플레이의 선택과 타이밍을 선수 각자가 제멋대로 결정해서는 팀으로서 기능하지 못한다. 스스로 결단을 내리는 것과 제멋대로 결정하는 것은 다르다. 코트 전체를 시야에 두고 경기의 흐름을 느끼면서 지금 요구되는 플레이를 예측한 다음, 최선의 선택을 최적의 타이밍에 실행하는 것이 중요하다. 이 두 가지를 정확히 결정한다면 경기의 주도권을 가져올 수 있으며, 이는 우수한 플레이어와 그렇지 못한 플레이어의 차이를 만드는 기준이 된다.

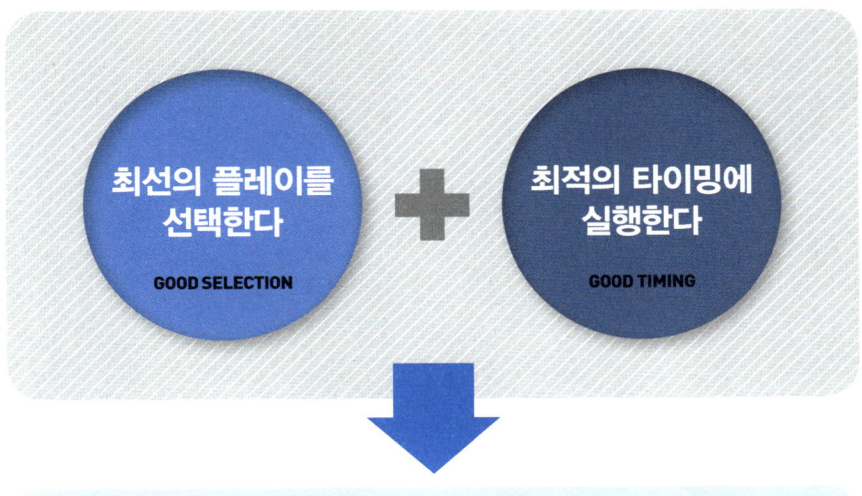

공격 시 우위를 점하기 위한 기본 원칙 ⑤

'팀이 가진 강점'을 찾아내고 이를 극대화하는 전술을 구사한다!

3out 2in or 4out 1in

팀의 강점을 극대화하는 전술의 선택

여타의 스포츠와 마찬가지로 농구에도 다양한 포메이션과 전술이 존재한다. 예를 들어 3아웃 2인 포메이션을 보자면, PG와 SG, SF의 세 선수가 아웃사이드를 구축하고 PF와 C가 인사이드로 들어가는 포메이션으로 신장이 큰 선수가 많고 강력한 인사이드 플레이를 전개할 수 있는 팀에 적합하다. 또한 4아웃 1인 포메이션은 PG와 SG, SF의 세 선수와 함께 PF가 아웃사이드로 나와서 포진함으로써 기동력이나 빠른 패스 돌리기, 아웃사이드의 슈팅 능력을 활용한 공격을 전개할 수 있다.

다양한 포진과 각각의 전술 가운데 무엇을 선택하느냐는 팀에 어떤 플레이어가 있는가에 따라 달라진다. 아무리 훌륭한 전술도 그 전술을 구사해야 하는 플레이어와 맞지 않는다면 의미 있는 결과를 내기 어렵다. 팀의 강점을 살릴 수 있는 전술이 무엇인지 간파해 적절한 전술을 선택하자.

공격 포메이션의 예시

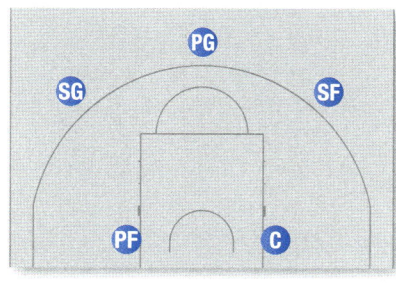

3아웃 2인
아웃사이드가 3명이기 때문에 패스 돌리기의 템포나 기동력은 떨어지지만, 인사이드가 강력하다면 안정적으로 공격을 전개할 수 있다.

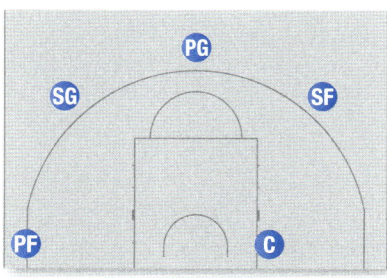

4아웃 1인
아웃사이드가 4명이기 때문에 기동력이 있고 패스 돌리기의 템포도 좋다. 한편 인사이드가 1명뿐이어서 파워 플레이나 리바운드에 취약하다.

농구 용어 다시보기

가로채기
수비수가 드리블이나 패스를 차단해 공을 빼앗는 것. 공격수에게는 턴오버가 기록된다.

드라이브 Drive
드리블을 하며 골밑을 향해 파고드는 플레이. 슛 기회를 만들 수 있지만 실패하면 턴오버로 연결되기 쉽다.

노차지 반원구역
제한구역 안에 그려진 반원. 수비의 양발이 이 선 안에 있을 때는 차징에 따른 공격자 파울이 선언되지 않는다.

로테이션 Rotation
동료 선수가 움직임에 따라 생긴 빈 공간이나 수비의 구멍(노 마크 상태의 선수 등)을 메우기 위해 움직이는 것.

대인 방어
상대 선수에게 일대일로 마크를 붙이는 수비 전술. 미스매치가 발생하지 않도록 같은 포지션의 선수끼리 매치업이 이루어질 때가 많다.

리바운드 Rebound
슛이 빗나간 뒤의 루스 볼, 또는 그 루스 볼을 확보하는 일련의 플레이를 가리킨다.

더블팀 Double team
공격수 1명을 수비수 2명이 마크하는 것. 공을 빼앗고 싶을 때 볼 맨을 상대로 사용하는 것이 일반적이다.

미스매치 Mismatch
대인 방어에서 높이나 속도, 힘 등의 차이가 확연한 선수끼리 대치하게 되는 상황. 가드를 하는 임무에서 일시적으로 스위치되기 때문에 일어나는 경우가 많다.

PART 2
각 포지션의 역할과 특징

농구에는 포인트가드부터 센터에 이르는 다섯 가지의 포지션이 있으며, 각 포지션마다 경기에서 담당하는 역할과 필요한 기술, 요구되는 자질이 다르다. 포메이션을 이해하기 위한 첫걸음으로 각 포지션의 세부적인 특징을 하나하나 짚어 보자.

PART 2 각 포지션의 역할과 특징

기본 개념과 기초 지식
포지션의 역할을 이해해 보자

 포지션을 이해하기 위한 세 가지 요소

농구에서는 포지션에 따라 선수에게 요구되는 플레이와 기술, 성격이나 기질이 각기 다르다. 각자 맡은 역할을 철저히 수행하기 위해서는 이런 요소들을 머릿속에 확실히 넣어 두는 것이 중요하다.

1 요구되는 역할
아웃사이드에서 패스 돌리기나 인사이드에서의 포스트 플레이 등 포지션별로 요구되는 플레이는 다종다양하다. 자신이 잘하는 플레이와 미숙한 플레이를 검토하자.

2 필요한 기술
핸들링과 슈팅 능력, 파워 플레이, 리바운드 등 다양한 기술 가운데 자신의 포지션에 필요한 기술을 정확히 이해하고 익히는 것이 중요하다.

3 적합한 성격과 기질
예를 들어 지원하는 역할이 주가 되는 포지션에서는 주위에 대한 배려와 헌신성이 중요하다. 해당 포지션에 요구되는 성격과 기질을 알면 역할에 대한 이해가 깊어진다.

농구에는 다섯 가지 포지션이 있다

일반적인 구분으로 포인트가드부터 센터까지 다섯 가지의 포지션이 있다. 각 포지션의 역할과 요구되는 바를 다시 한 번 점검해 봄으로써 포메이션의 원리를 보다 깊이 이해할 수 있다.

PG
포인트가드
팀의 사령탑이 되어 경기를 컨트롤하는 포지션. 냉정한 판단력과 승부처를 감지하는 감각, 핸들링 기술이 요구된다.

SG
슈팅가드
아웃사이드에서의 슛으로 득점원이 되는 에이스 포지션. 풋워크와 슈팅 능력, 풍부한 운동량을 갖추고 있으면 최고다.

SF
스몰포워드
공의 운반부터 리바운드까지 전천후 플레이가 특징이다. 한 가지에 특출하기보다 모든 플레이를 소화해낼 수 있어야 한다.

PF
파워포워드
주로 인사이드에서 플레이하지만, 아웃사이드에서 플레이할 수 있는 재간도 갖추고 있는 것이 바람직하다. 여기에 주위에 대한 배려가 있으면 이상적이다.

C
센터
인사이드에 버티고 서서 공수의 기둥이 된다. 당연한 말이지만 높이와 힘, 여기에 인내력까지 있으면 센터로서는 최고의 적성이다.

포지션 1

포인트가드
Point Guard

냉정한 분석력과 승리의 냄새를 맡는 후각으로
팀을 견인하는 코트 위의 감독

포인트가드에게 필요한 자질… 1
경기 흐름을 컨트롤하는 전략안과 승부처를 감지하는 예리함

훌륭한 PG는 팀을 승리로 이끌 수 있다. 이를 위해서는 게임의 계획을 세우고 그 계획을 바탕으로 경기의 흐름을 판단하고 컨트롤할 수 있는 전략안(戰略眼), 즉 코트 비전이 필요하다. 또한 게임 종반의 승부처다 싶은 상황에서는 직접 득점을 노릴 수 있는 등 승리의 냄새를 맡는 '후각'도 갖고 있는 것이 바람직하다.

포인트가드에게 필요한 자질… 2
정확한 볼 핸들링

공수 전환 시에 상대 팀의 진영을 향해 드리블을 하는 이른바 '공 운반'도 PG가 중심이 된다. 공을 뺏기지 않는 정확성은 물론이고 드리블의 속도도 중요하다. 재빨리 공을 운반해 속공으로 연결시킬 수 있다면 경기를 유리하게 전개할 수 있다.

포인트가드에게 필요한 자질… 3
이지 슛을 이끌어내는 어시스트 능력

수비수 사이를 꿰뚫는 바운드 패스나 코트를 가르는 롱 패스 등. PG는 다양한 종류의 패스를 구사해 좀 더 확률 높은 슛을 만들어낼 수 있어야 한다. 이를 위해서는 어떤 자세에서도 패스를 할 수 있는 테크닉과 노 마크 상태의 동료 선수를 찾아내는 넓은 시야가 요구된다.

PART 2 각 포지션의 역할과 특징 | 29

코트 위에서의 역할
PG▶포인트가드

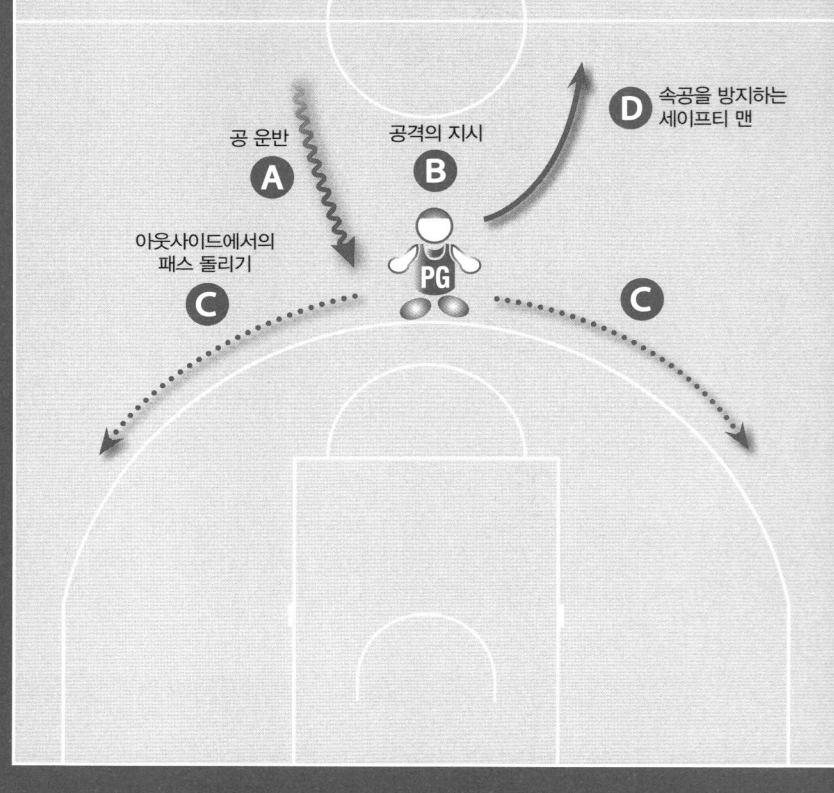

공 운반과 패스 돌리기의 중심이며 공격의 '사령탑'이 되는 포지션이 PG다. 직접 득점을 노리기보다 팀 전체를 활용해 어떻게 점수를 낼지 모색하자. 상대 팀을 분석하고 자기 팀에 적절한 포메이션을 지시해 공격을 견인한다. 또 천천히 차분하게 공격할지 러닝 플레이로 점수 쟁탈전을 유도할지 등 경기의 템포를 컨트롤하는 능력과 경기 종반의 승부처를 간파하는 후각도 요구된다.

기본적인 플레이 영역　　　　　　　　　　　　　PLAY AREA

공격을 시작할 때는 공의 운반을 담당하며, 드리블로 상대 진영을 진입하면서 전술을 지시한다. 하프 코트 오펜스가 시작되면 주로 톱이나 윙 지점에 위치를 잡고 아웃사이드에서의 패스 교환으로 리듬을 만든다. 또 세이프티 맨으로서 후방에 대기하며 상대의 속공에 대비하는 것도 중요한 역할이다.

요구되는 플레이　　　　　　　　　　　　　　　DESIRED PLAY

공 운반
PG는 드리블로 상대 팀의 진영에 진입하는 '공 운반'의 중심이다. 리바운드 후 재빨리 공을 받아 속공을 견인하자. 속공이 무리라면 주로 톱이나 윙에 위치해 세트 오펜스를 한다.

공격의 지시
경기 상황이나 상대의 약점을 분석해 그때그때 적절한 공격 방법을 선택하는 것도 PG의 중요한 역할 중 하나다. 하프 코트 오펜스가 시작되면 팀 전체에 공격 포메이션을 지시한다.

아웃사이드에서의 패스 돌리기
아웃사이드에서의 패스 돌리기는 공격의 기본이다. 코트를 넓게 이용해 상대를 뒤흔들면서, 포스트로 들어간 인사이드 플레이어나 스크린을 통해 자유로워진 선수에게 패스할 타이밍을 잡자.

속공을 방지하는 세이프티 맨
동료가 슛을 할 때 상대의 속공을 경계해 센터 라인 부근까지 돌아가는 역할이 세이프티 맨이다. 누가 세이프티 맨을 맡느냐는 팀에 따라 다르지만, 일반적으로 톱 부근에서 플레이하는 PG가 세이프티 맨이 되는 경우가 많다.

포지션 2

슈팅가드
Shooting Guard

코트를 종횡무진 누비는
아웃사이드의 에이스 포지션

슈팅가드에게 필요한 자질… 1
정확한 아웃사이드 슛

SG에는 다양한 스타일의 선수가 모여들지만, 아웃사이드 슈팅 능력은 반드시 갖추고 있어야 한다. 아웃사이드 슛이 들어가지 않으면 상대 수비는 인사이드 수비에 전념할 수 있기 때문에 공격의 폭이 좁아진다. 노 마크일 때는 확실히 골을 넣을 수 있는 안정된 실력이 필요하다.

슈팅가드에게 필요한 자질… 2
볼 핸들링과 마크를 떼어내는 기술

PG와 함께 경기를 운영하는 SG는 우수한 드리블과 패스 기술을 필수적으로 갖추고 있어야 한다. PG와 SG가 안정적으로 공을 운반하지 못하면 경기의 전개가 어려워진다. 공을 받는 테크닉도 중요하다. V컷(58쪽) 등의 마크를 떼어내는 움직임도 익혀야 한다.

슈팅가드에게 필요한 자질… 3
풍부한 운동량과 순발력

공 운반의 지원이나 아웃사이드에서의 포지션 체인지, 속공에서의 러닝 플레이 등 SG는 매우 바쁜 포지션이기도 하다. 끊임없이 움직일 수 있는 풍부한 운동량, 화려한 풋워크로 상대를 뒤흔들 수 있는 순발력을 겸비한 선수가 적임이라고 할 수 있다.

PART 2 각 포지션의 역할과 특징 | 33

코트 위에서의 역할
SG ▶ 슈팅가드

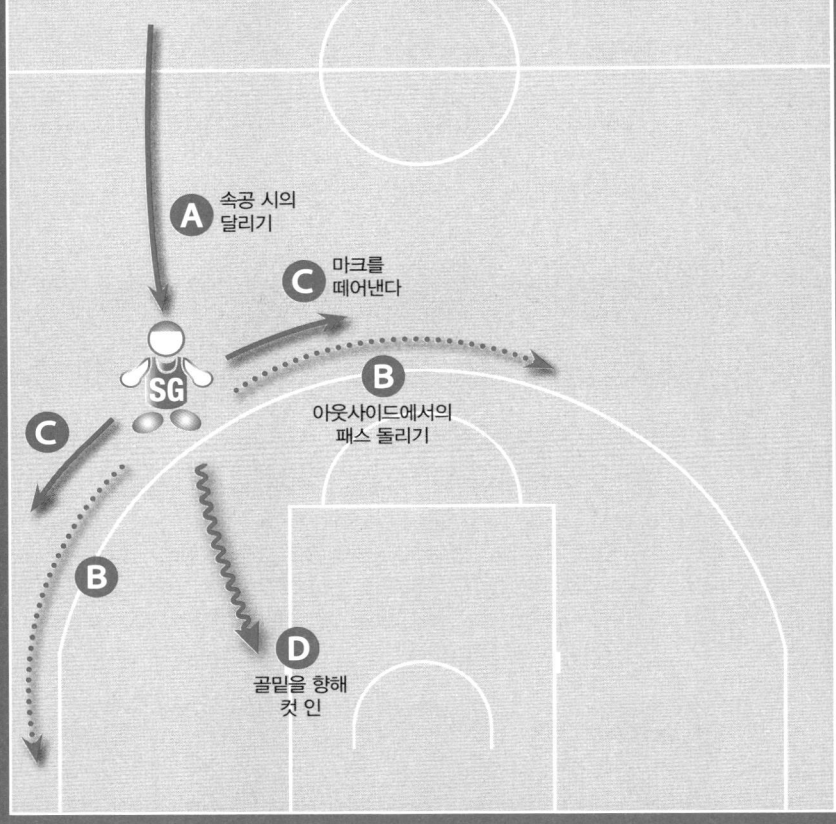

아웃사이드에서의 득점원이 되는 한편, 공 운반과 패스 돌리기도 담당하는 등 SG의 역할은 다양하다. 이는 바꿔 생각하면 PG나 C처럼 고정화된 스타일이 없으므로 개성을 표출하기 좋은 포지션이라는 말이기도 하다. 드라이브로 득점을 벌어들이는 포인트 게터와 3점 슛이 특기인 슈터, 내·외곽에서 공격에서 고루 공헌하는 플레이어 등 다양한 스타일이 있다. 기본적인 핸들링 기술이나 외곽 슈팅 능력을 갈고닦으면서 자신의 전문 스타일을 극대화하자.

Shooting Guard

기본적인 플레이 영역 PLAY AREA

먼저 공격 시작과 동시에 공 운반에 참가한다. 속공일 경우는 재빨리 전방으로 달려가 공격을 마무리하는 역할도 한다. 또 상대 진영으로 들어간 뒤에는 톱이나 윙, 코너를 중심으로 아웃사이드에서 패스 돌리기나 포지션 체인지를 반복해 수비를 무너트리는 것이 원칙이다.

요구되는 플레이 DESIRED PLAY

속공 시의 달리기
동료가 리바운드를 확보했으면 재빨리 상대 진영으로 달려 속공을 노린다. 상대의 슛이 성공해 속공을 할 수 없는 경우는 PG의 공 운반을 보조하며 언제라도 패스를 받을 수 있도록 준비한다.

아웃사이드에서의 패스 돌리기
PG나 SF와 함께 아웃사이드에서 패스를 전개해 공격의 리듬을 만드는 플레이도 중요하다. 코트 전체를 넓게 활용해 상대 수비를 흔들고, 포스트 플레이나 스크린 플레이 같은 전술의 기점을 만든다.

마크를 떼어낸다
패스를 돌리는 동시에 풋워크나 C 또는 PF의 스크린을 활용해 노 마크가 되는 움직임도 필요하다. 노 마크 상태에서 공을 받으면 아웃사이드에서 슛을 하거나 인사이드로 드라이브하는 등 플레이의 선택지가 넓어진다.

골밑을 향해 컷 인
아웃사이드에서 노 마크가 되지 못했거나 인사이드를 제압당했을 경우는 드리블이나 컷 인으로 상황을 타개하는 플레이도 필요하다. 골밑 부근에서의 득점력이 높은 SG가 있으면 공격의 선택지가 크게 증가한다.

포지션 3

스몰포워드
Small Forward

**온갖 상황에서 팀을 보조하는
헌신적인 멀티 플레이어**

스몰포워드에게 필요한 자질…1
보조 역할을 철저히 해내는 헌신성

SF는 올라운드적인 능력이 요구되는 한편 세컨드 옵션으로서의 역할이 많아지는 포지션이다. 상대 팀이 에이스를 마크하는 가운데 조용히 득점을 쌓아 제2의 득점원이 될 수 있는 선수가 이상적이다. 패스 돌리기나 리바운드 등을 보조할 때도 많기 때문에 헌신적인 선수가 적역이라 할 수 있다.

스몰포워드에게 필요한 자질…2
가드진에 버금가는 핸들링 기술

상대의 압박 등으로 인해 PG와 SG 두 명만으로 공을 운반할 수 없을 경우에는 SF도 공 운반을 지원하게 된다. 또 아웃사이드에서의 패스 돌리기에도 참가하기 때문에 패스나 드리블 기술도 필요하다. SF의 핸들링 기술이 높으면 안정된 경기 전개가 가능해진다.

스몰포워드에게 필요한 자질…3
다채로운 슛 기술

SG와 마찬가지로 아웃사이드에서의 슈팅 능력은 반드시 갖춰야 한다. 또 리바운드에 참가하기 때문에 SG에 비해 인사이드에서 플레이할 기회도 많으므로 미들 레인지에서의 슛이나 골밑 부근에서의 득점 능력도 갖추는 것이 바람직하다. 온갖 상황에 대응할 수 있도록 다채로운 슛 기술을 익히자.

코트 위에서의 역할
SF ▶ 스몰포워드

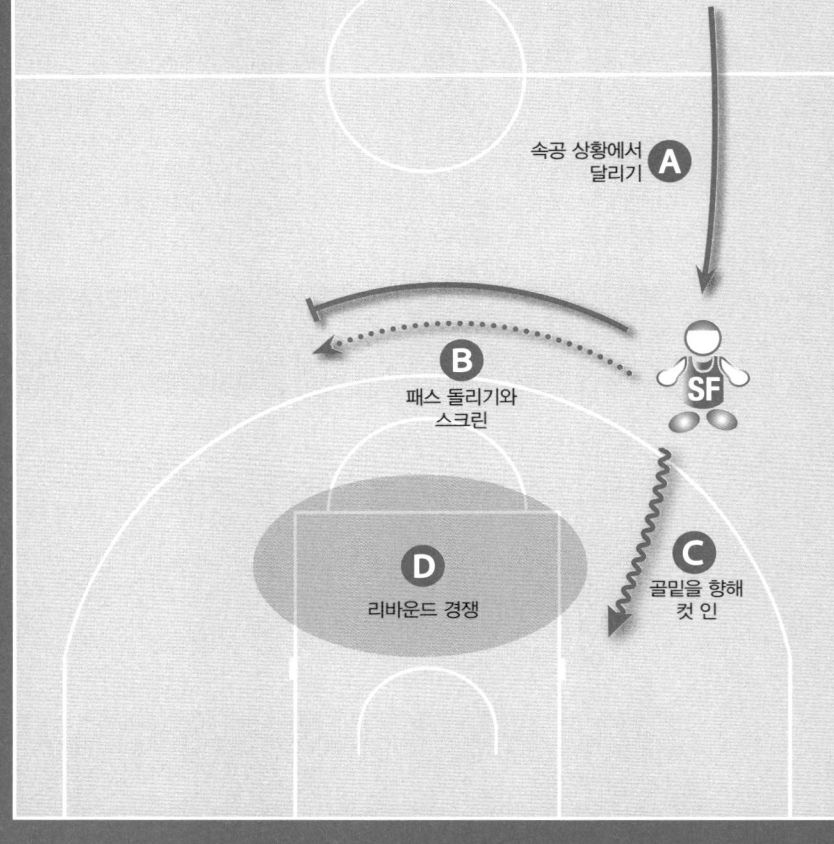

SF는 코트를 가장 넓게 사용하는 포지션이다. 아웃사이드에서의 패스 돌리기부터 리바운드 경쟁, 속공에서 달리는 역할 등 온갖 상황에 참가해야 하는 멀티 플레이어다. 득점의 측면에서는 에이스 포지션이라기보다 전략적인 부분에서 점수를 벌어들이는 역할을 담당한다. 에이스에게 집중된 수비의 의표를 찔러 견실하게 득점을 쌓아 나가자. 특출한 재능보다는 모든 기술이 일정 수준일 것이 요구되는 난이도가 높은 포지션이라고 할 수 있다.

Small Forward

기본적인 플레이 영역 — PLAY AREA

SG와 함께 PG의 공 운반을 보조하면서 상대 팀의 진영을 노린다. 속공 상황에서 전방으로 달리는 것도 SG와 같다. 세트 오펜스에서는 아웃사이드에서의 패스 돌리기에 관여하면서 내·외곽에서의 전천후 득점력이 요구된다. 또 슛을 한 뒤에 리바운드 경쟁을 할 수 있는 위치에 있는 것도 중요하다.

요구되는 플레이 — DESIRED PLAY

속공 상황에서 달리기

공격 개시 직후에는 PG나 SG와 함께 속공을 노리지만 수비 리바운드에도 참가할 필요가 있기 때문에 SG보다는 조금 뒤처질 때가 많다. 상대 팀의 슛이 성공했을 경우는 PG나 SG의 공 운반을 보조한다.

패스 돌리기와 스크린

아웃사이드에서 패스 돌리기를 할 때는 플로어 밸런스를 유지하면서 공격의 기점을 만든다. 또 스크린을 활용해 마크를 떼어내거나 반대로 스크리너로서 활약해 동료를 자유롭게 만드는 등 상황에 맞는 플레이가 요구된다.

골밑을 향해 컷 인

패스 돌리기나 스크린과 함께 상황을 타개하는 대담한 컷 인을 할 수 있으면 공격의 폭이 넓어진다. 드리블이나 컷 인으로 골밑을 향해 적극적으로 달려들면 수비 로테이션을 무너트릴 수 있으므로 동료도 자유로워질 확률이 높아진다.

리바운드를 다툰다

인사이드 플레이어와 함께 공격 리바운드를 확보하는 역할도 중요하다. PG나 C와 달리 아웃사이드에서 뛰어들어 리바운드 하는 플레이가 중심이 된다. 낙하점을 예측해 빈 공간으로 뛰어들자.

포지션 4

파워포워드
Power Forward

파워 플레이와 유연한 판단력으로
팀을 떠받치는 숨은 일꾼

파워포워드에게 필요한 자질…1
주위에 대한 배려와 상황 판단력

인사이드로 들어갈 경우는 C와의 위치 관계에 주의하며, 아웃사이드로 나올 경우는 SF나 SG의 포지셔닝에 신경 써야 한다. 이와 같이 PF에게는 주위에 대한 배려와 상황 판단력이 요구된다. 절대 독단적으로 플레이하지 않는 숨은 일꾼과 같은 존재가 이상적이다.

파워포워드에게 필요한 자질…2
미들 레인지에서의 슛 기술

상황에 따라 아웃사이드에서 플레이할 경우도 있는 PF는 골밑에서의 득점력과 함께 조금 떨어진 미들 레인지에서의 슛 기술도 갖추는 것이 바람직하다. 페인트 존 바깥에서의 점프 슛 등으로 득점을 할 수 있으면 팀의 공격 패턴도 다채로워진다.

파워포워드에게 필요한 자질…3
몸싸움에 밀리지 않는 강인한 신체

포스트 플레이나 리바운드 등 인사이드 플레이가 주가 되는 PF는 필연적으로 몸싸움이 많을 수밖에 없다. 또 스크린의 벽으로서도 접촉 플레이가 요구되므로 몸싸움에서 밀리지 않는 강인한 신체, 상대와 맞서는 강한 마음가짐이 요구된다.

코트 위에서의 역할
PF ▶ 파워포워드

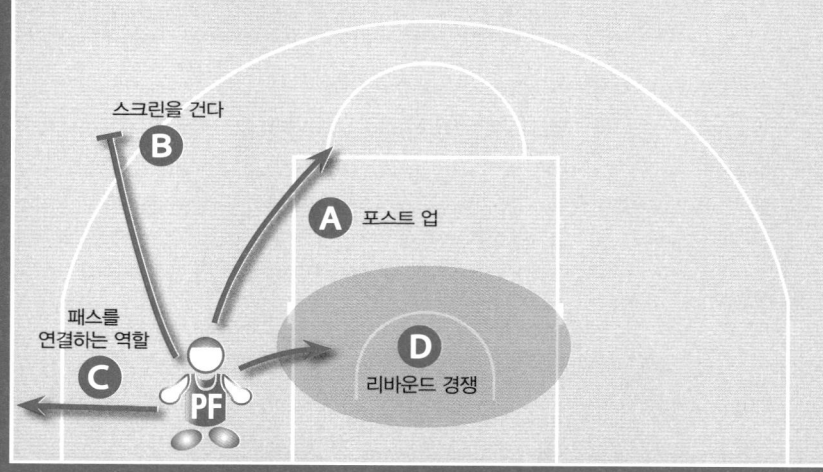

파워포워드에게 요구되는 역할은 팀의 포메이션에 좌우된다. 3아웃 2인 포메이션일 때는 C와 마찬가지로 인사이드에서의 파워 플레이가 요구되지만, 4아웃 1인의 포메이션에서는 아웃사이드와 인사이드를 오가며 양쪽을 지원하는 플레이가 요구된다. 팀이 채용하는 포메이션과 자신이 잘하는 플레이를 조합시켜 최적의 플레이 스타일을 찾아내는 것이 실력 향상의 비결이다.

Power Forward

기본적인 플레이 영역 — PLAY AREA

하이포스트나 로포스트에서의 포스트 업, 아웃사이드 플레이어에 대한 스크린 등을 통해 공격을 전개하는 것이 기본이다. 전술에 따라서는 아웃사이드에서 공 돌리기도 해야 하므로 어느 정도의 핸들링 기술과 미들 레인지 슛의 정확도를 갖추는 것이 바람직하다.

요구되는 플레이 — DESIRED PLAY

포스트 업
아웃사이드에서의 패스 돌리기에 맞춰 하이포스트나 로포스트에 자리를 잡고 타이밍 좋게 공을 받는다. 패스를 차단당하지 않도록 상대를 확실히 제어한다. 공을 받으면 일대일이나 C와의 콤비 플레이로 득점을 노린다.

스크린을 건다
포스트 업과 병행해서 실시해야 할 것이 스크린 플레이다. 공격의 계기를 만들기 위해 높은 위치까지 올라가는 일도 많아진다. 비교적 수월하게 수비의 균열을 만들어낼 수 있으니 적극적으로 시도하자.

패스를 연결하는 역할
패스 돌리기가 정체되어 인사이드로 공이 들어오지 않는 상황에서는, 패스를 연결하는 역할로서 아웃사이드로 나갈 것도 요구된다. 신장이 더 큰 C에게 패스하거나 미들 레인지에서 슛을 노리는 것도 좋다.

리바운드를 다툰다
인사이드 플레이어의 가장 중요한 역할이 스크린 아웃과 리바운드다. 수비 리바운드는 물론이고 공격 리바운드를 얼마나 잡아낼 수 있느냐가 승패를 좌우한다고 해도 과언이 아니다.

포지션 5

센터
Center

골밑에 우직하게 버티고 서는
인사이드의 기둥

센터에게 필요한 자질… 1
골밑에서 우직하게 기다리는 인내력

공격할 때는 포스트에 들어가고 수비할 때는 골밑에서 블록을 노리는 등 공을 쫓아 '움직이기'보다는 공을 '기다리는' 플레이가 많은 포지션이 C이다. 자신의 리듬으로 움직일 수 없기 때문에 성격이 급한 선수나 주목 받기 좋아하는 선수는 적합하지 않다. 인내력이 요구되는 포지션이라고 할 수 있다.

센터에게 필요한 자질… 2
팀의 핵심이 되는 수비 기술

C라는 포지션은 골대를 지키는 최후의 보루다. 동료가 돌파당했을 경우 헬프나 블록으로 대응할 수 있는 수비 능력이 요구된다. 철벽의 C가 골밑에 버티고 서 있으면 상대의 드라이브에 대한 저지력도 가지기 때문에 더욱 유리하게 수비를 전개할 수 있다.

센터에게 필요한 자질… 3
인사이드를 지배하는 높이

농구에서는 기술이나 속도도 중요한 요소이지만, 적어도 인사이드에서는 역시 '높이'가 경쟁력이다. 특히 센터는 리바운드나 포스트 플레이, 골밑 수비가 주된 플레이인 이상 자신의 역할을 확실히 수행할 수 있는 최소한의 신장이 되어야 한다.

코트 위에서의 역할
C ▶ 센터

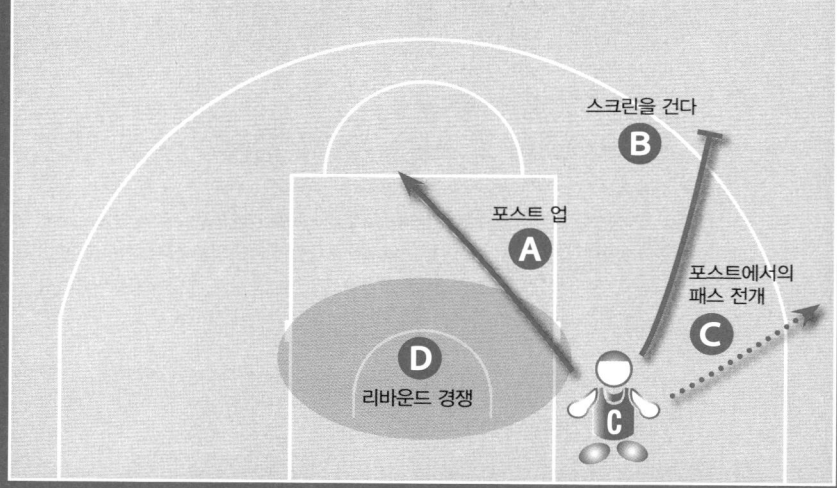

신장을 활용해 인사이드에서 득점과 리바운드를 하는, 공수의 중핵이 되는 포지션이다. 팀에 따라서는 기동력이 있는 C를 기용하기도 하지만, 역시 높이로 인사이드를 지배할 수 있는 센터가 있으면 큰 힘이 된다. C는 드리블이나 풋워크로 상대를 따돌리는 플레이보다 얼마나 골대와 가까운 장소에서 공을 받을 수 있느냐가 중요하다. 포스트에 들어가는 타이밍이나 포지션을 잡는 기술, 공을 받는 기술을 향상시키자.

Center

기본적인 플레이 영역 — PLAY AREA

주로 인사이드에서 플레이하게 된다. 하이포스트, 로포스트에서의 포스트 플레이로 공격을 전개하자. 스크린이나 PF와의 플로어 밸런스를 위해 아웃사이드로 나갈 때도 있지만, 리바운드의 중심이 되는 포지션이므로 슛을 할 때는 골대 부근에서 위치를 잡고 있는 것이 바람직하다.

요구되는 플레이 — DESIRED PLAY

포스트 업

PF와 함께 하이포스트나 로포스트에서 패스를 받아 공격의 기점을 만드는 것이 가장 중요한 역할이라고 할 수 있다. 포스트에 들어갈 때는 아웃사이드의 패스 돌리기에 타이밍을 맞추고 PF와 같은 사이드에 몰려 있지 않도록 의식한다.

스크린을 건다

단순히 인사이드에 죽치고 있기만 하면 공격이 정체되어 버린다. 높은 위치까지 움직여 스크린을 걸어 줌으로써 동료의 마크를 떼어 주는 움직임도 중요하다. 스크린으로 상대의 의표를 찔러 공격을 원활하게 전개시키자.

포스트에서의 패스 전개

포스트에서 해야 할 플레이는 일대일만이 아니다. 아웃사이드로 보내는 패스나, 골밑으로 오는 연계 플레이의 패스 등 공격의 리듬에 변화를 주는 패스 전개도 함께 노림으로써 상대 수비가 표적을 좁히기 어렵게 만든다.

리바운드를 다툰다

C는 수비 리바운드는 물론이고 공격 리바운드에도 반드시 참가해야 한다. 공격 기회를 늘릴 뿐만 아니라 상대의 속공을 막는 의미도 있으므로 최대한 공에 관여하도록 노력하자.

농구 용어 다시보기

미트 Meet
패스를 받을 때 공이 오기를 기다리는 것이 아니라 공의 진행 방향으로 움직이며 받는 플레이.

바스켓 카운트 Basket count
슛 동작 중에 파울을 당한 상태에서 슛이 성공하는 것. 득점이 인정되고 자유투 1개를 추가로 얻는다.

백 컷 Back cut
외곽으로 나가거나 또는 공을 향해 다가가는 척하다가, 수비수의 뒷공간으로 재빨리 컷하는 플레이. 수비수가 패스를 차단하기 위해 앞선 위치에서 수비할 때 효과적이다.

백 도어 Back door
2명의 선수가 협력해 2대 1 상황을 만들어 득점을 노리는 플레이. 수비의 등 뒤 공간으로 뚫고 들어가 패스를 받는다. 밀착 수비를 당할 때 성공률이 높다.

백 코트 Back court
코트에서 자기 팀이 수비하는 골대가 있는 하프 코트를 가리킨다. 또는 아웃사이드 플레이어를 총칭하는 말로 사용할 때도 있다.

사이드 라인 Side line
엔드 라인에서 수직으로 뻗어 나와 코트의 양 측면을 구획 짓는 라인. 국제 규정에 따르면 코트의 세로폭은 26m, 가로폭은 15m로 정해져 있다.

세이프티 Safety
공격을 할 때 상대의 속공을 방지하기 위해 자신의 진영 가까이에 포지션을 잡는 것. 주로 PG나 SG가 담당할 때가 많다.

세트 오펜스 Set offense
팀 플레이를 통해 수비의 허점을 파고들며 득점 기회를 노리는 공격법. 미리 약속된 플레이에 맞춰 일사분란하게 움직이며 득점을 노린다.

PART 3
볼을 받는 움직임

패스 돌리기는 농구에서 공격의 중심이 된다. 이때 정확하고 안정적으로 볼을 받기 위해서는 자신의 눈앞에 있는 수비수를 떼어내서 안전한 패스 코스를 확보하는 것이 중요하다. 이번 파트에서는 볼을 받는 데 필요한 기술과 구체적인 움직임을 소개한다.

PART 3 볼을 받는 움직임

기본 개념과 기초 지식

볼을 받는 움직임의 기본을 살펴보자

 볼을 받는 움직임을 이해하기 위한 세 가지 요소

흔히 패스를 어떻게 받는지를 보면 플레이어의 수준을 알 수 있다고 한다. 무작정 움직이지 말고 효과적으로 수비를 제치고 다음 플레이를 생각하면서 공을 받도록 의식해 보자.

1 상대를 확실히 본다
멋대로 움직여서는 패스를 제대로 받을 수 없다. 상대 수비와의 거리나 수비의 노림수를 분석해 안전하게 패스받을 수 있는 움직임을 선택하자.

2 수비를 떼어낸다
수비를 떼어내기 위해서는 풋워크는 물론이고 상대와의 머리싸움도 중요하다. 수비의 대응에 따라 움직임을 바꿔 나가는 유연함도 겸비하자.

3 바른 자세로 받는다
재빨리 마크를 따돌렸더라도 올바른 자세로 패스를 받지 못하면 좋은 플레이가 나오기 어렵다. 패서를 정면 또는 측면으로 마주하고 받는 것이 이상적이다.

볼을 받는 방법에는 이런 플레이가 있다!

볼을 받는 방법은 풋워크를 이용해 받는 컷 플레이나 블록하면서 받는 포스트 업, 동료의 스크린을 이용해 받는 방법 등이 있다. 자신의 움직임뿐만 아니라 수비나 패스를 하는 선수의 움직임에도 주목하는 것이 실력 향상의 비결이다.

컷 플레이

풋워크로 상대 수비수를 떼어내는 아웃사이드 플레이어의 주된 플레이이다. 다양한 움직임이 있으며 사용해야 하는 상황이 각각 정해져 있다.

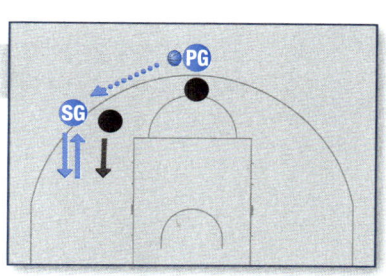

포스트 업

인사이드 플레이어가 주로 하게 되는 플레이는 포스트 업이다. 수비수가 밀집한 지역에서 공을 받게 되므로 어떻게 공을 뺏기지 않고 받느냐가 열쇠가 된다.

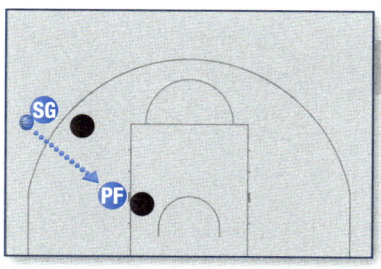

스크린을 이용해서 공을 받는다

스크린으로 마크를 떼어내고 공을 받는 플레이도 매우 효과적이다. 수비수의 대응이나 공을 받고자 하는 장소에 맞춰 다양한 움직임을 익히자.

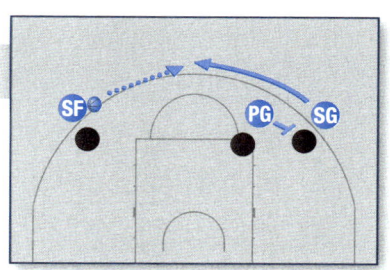

PART 3 볼을 받는 움직임

볼을 받는 자세

올바른 거리와 시야를 확보하며 패스를 받는다

수비수가 시야 내
수비수와 골대를 시야에 둔 자세로 패스를 받으면 다음 플레이로 빠르게 이행할 수 있다.

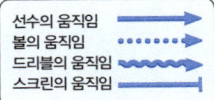

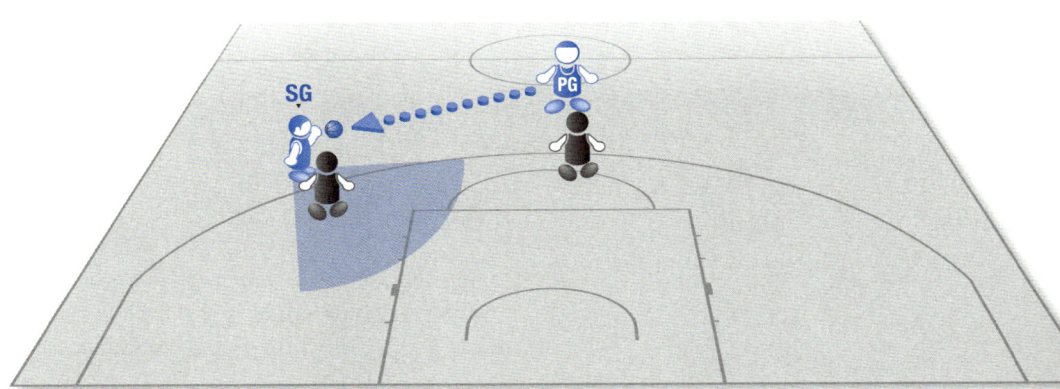

기술 가이드　　**상대 선수가 보이는 자세로 받는다**

패스를 받는 다양한 동작과 기술을 살펴보기에 앞서, 가장 기본이 되는 자세를 기억해 두자. 자세에서 가장 중요한 점은 수비수와 골대를 시야에 둔 상태에서 패스를 받는 것이다. 수비수와 골대를 등진 채로 공을 받으면 수비수의 움직임을 파악하기 어렵기 때문에 가로채기를 당할 위험이 있으며 다음 플레이의 판단도 늦어진다.

 **볼을 받을 때의 대전제**

공을 받기까지의 움직임이 좋더라도 수비수를 등진 채로 받는 것은 매우 위험한 플레이다. 어떤 상황에서 공을 받든 공통되는 약속이니 반드시 실천하자.

수비수가 시야 밖

수비수와 골대를 확인할 수 없는 자세로 패스를 받으면 다음 플레이가 늦어진다.

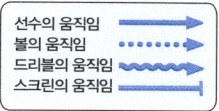

선수의 움직임
볼의 움직임
드리블의 움직임
스크린의 움직임

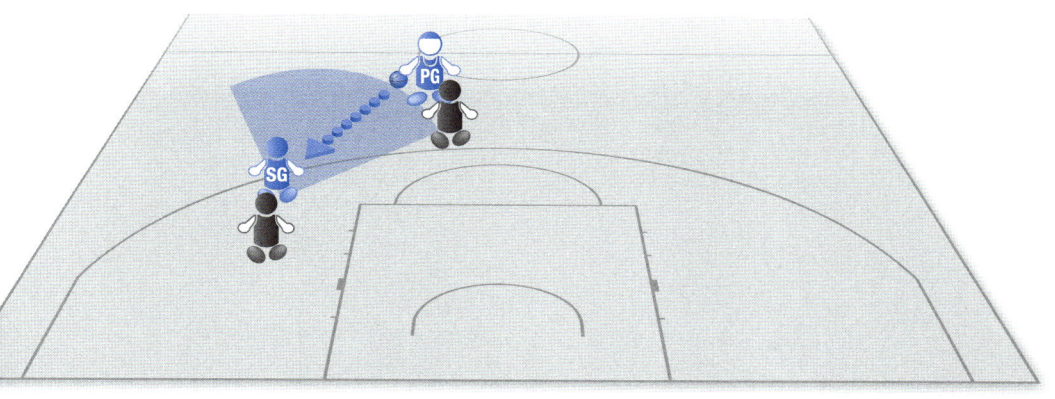

밀착 어드바이스

골대와 가까운 쪽 발을 피벗 풋으로 삼는다

턴을 할 때 주의할 점은 골대와 가까운 쪽 발을 피벗 풋(축발)으로 삼아야 한다는 것이다. 골대와 먼 쪽 발을 축발로 삼으면 뒷걸음질을 하듯 턴하게 되는데, 이러면 수비수가 정면으로 다가와 밀착할 위험이 높다.

PART 3 볼을 받는 움직임

미트

공이 오는 방향으로 움직이며 패스를 받는다

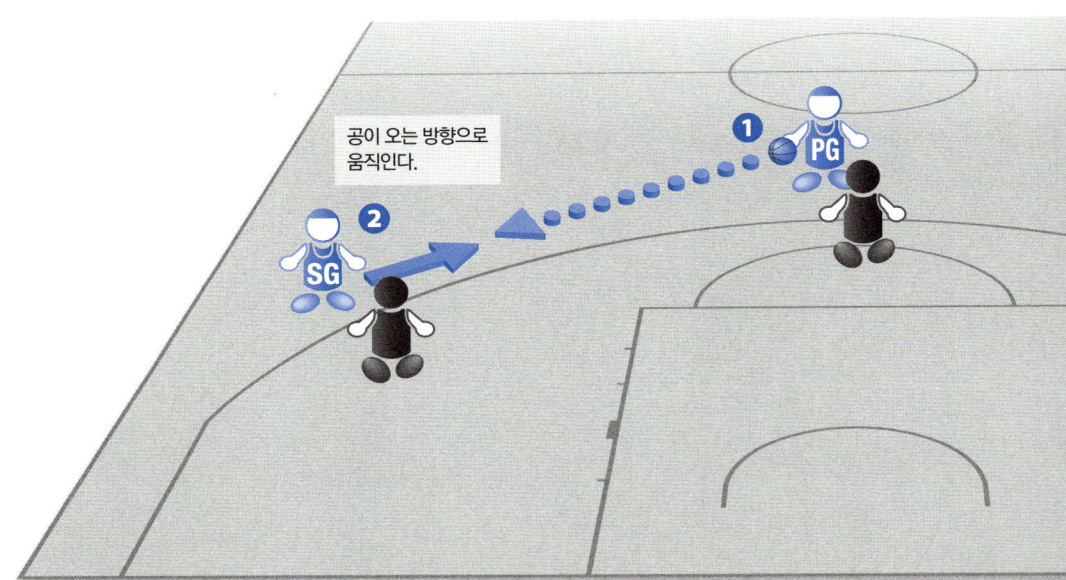

공이 오는 방향으로 움직인다.

기술 가이드 다음 플레이로 이어지는 한 걸음

농구에서는 그 자리에서 움직이지 않고 공을 받는 경우가 거의 없다. 반드시 어떤 동작을 하면서 공을 받는 것이 원칙이다. 그중에서도 기본 중의 기본이라고 할 수 있는 것이 미트다. 공의 진행 방향으로 움직이며 패스를 받는 방법으로, 상대의 가로채기를 방지할 수 있고 그 반동을 이용해 드리블이나 슛, 패스를 전개할 수도 있다. 상대 수비를 움직이게 하고 다음 플레이로 연결시킨다는 의미에서 반드시 실시해야 하는 움직임 중 하나다.

| 이럴 때 사용한다 | **철저히 마크당하고 있을 때** |

수비 진형에 흐트러짐이 없고 마크가 찰싹 달라붙어 있는 상황에서는 반드시 미트를 하자. 속공 등 마크 없이 달릴 수 있는 경우를 제외하고 경기 중 거의 모든 상황에서 필요한 기본 플레이라고 할 수 있다.

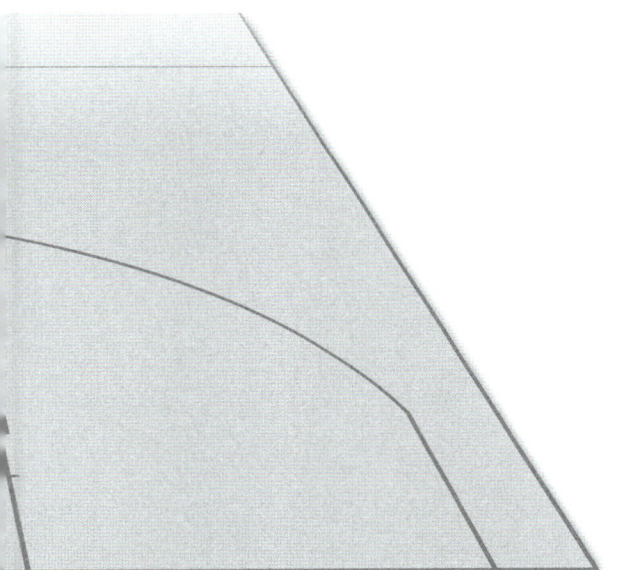

각 포지션의 움직임

① PG가 SG에게 패스한다.
② SG는 미트하면서 받는다.

- 선수의 움직임
- 볼의 움직임
- 드리블의 움직임
- 스크린의 움직임

밀착 어드바이스

패스를 보낸 선수와 너무 가까워지지 않도록 주의한다

미트의 한 결과 패스를 보낸 선수와 지나치게 가까워지는 상황은 가급적 피해야 한다. 공을 받은 뒤에 두 명의 수비수에게 둘러싸일 위험이 있기 때문이다. 반드시 4~6미터 거리를 유지하면서 공을 받자.

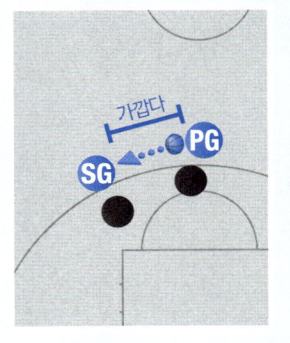

PART 3 볼을 받는 움직임

I컷

골밑 방향으로 움직였다가 그대로 되돌아가는 기본적인 컷이다

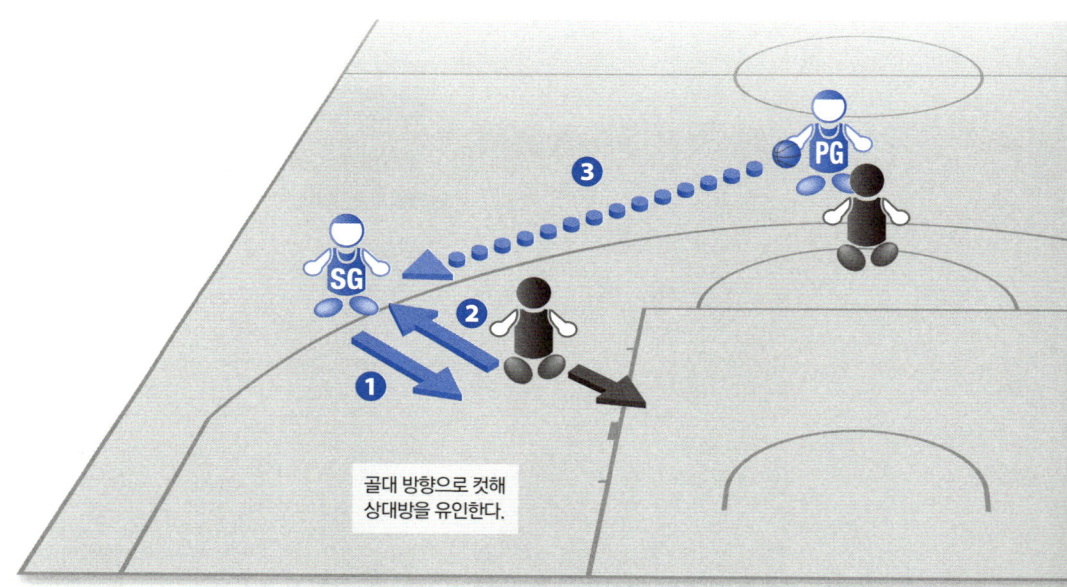

골대 방향으로 컷해 상대방을 유인한다.

기술 가이드　　**패스를 받을 때의 첫 번째 선택지**

일단 골밑 방향으로 움직였다가 재빨리 원래의 위치로 돌아가 공을 받는 방법이 I컷이다. 직선적인 움직임을 통해 효율적으로 공을 받을 수 있는 컷이니 패스를 받을 때의 첫 번째 선택지로써 머릿속에 넣어 두자. 다만 상대가 밀착 수비를 할 때는 골밑 방향으로 공간이 없거나 상대를 따돌릴 수가 없어 공을 제대로 받지 못할 수도 있다. 상대와의 거리를 파악해 다른 컷을 선택하는 판단력도 필요하다.

| 이럴 때 사용한다 | 빠른 패스 돌리기로 상대를 무너트릴 때 |

연속된 패스 돌리기로 상대를 무너트리고 싶을 때는 단시간에 공을 받을 수 있는 I컷이 효과적이다. 상대와의 거리에 주의하며 템포 좋게 패스를 연결하자.

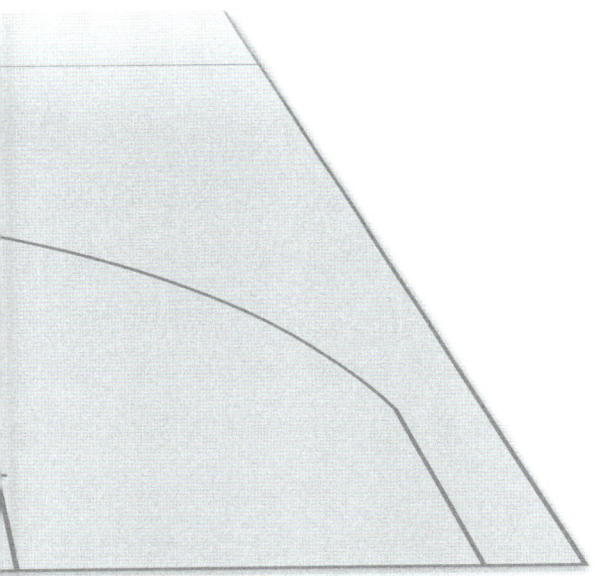

각 포지션의 움직임

① SG는 골밑 방향을 향해 직선상으로 컷한다. (상대가 컷 움직임에 따라오면)
② SG는 I자를 그리듯이 돌아간다.
③ PG는 SG에게 패스한다.

- 선수의 움직임
- 볼의 움직임
- 드리블의 움직임
- 스크린의 움직임

밀착 어드바이스

손을 들어 적극적인 의사 표시를 한다

골밑 방향으로 움직였다가 재빨리 돌아올 때 패서를 향해 손을 들어 '여기로 패스해!'라고 의사 표시를 하는 것이 중요하다.

PART 3 볼을 받는 움직임

V컷
V자를 그리듯이 돌아와 마크를 떼어낸다

1

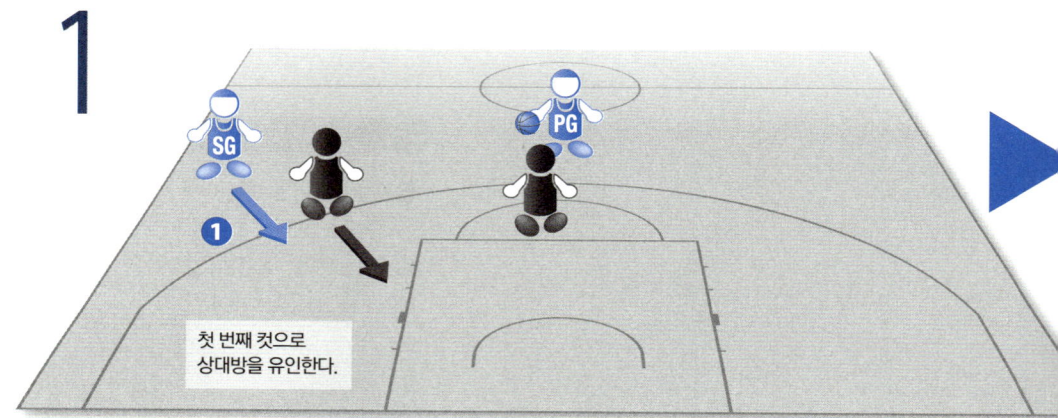

첫 번째 컷으로 상대방을 유인한다.

각 포지션의 움직임

❶ SG는 골밑 방향을 향해 직선적으로 컷한다.

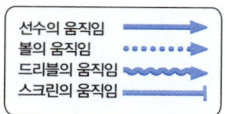

선수의 움직임
볼의 움직임
드리블의 움직임
스크린의 움직임

기술 가이드　　각도를 벌리면 마크하기 어려워진다

V컷은 직선적으로 돌아오는 I컷과 달리 V자를 그리듯이 돌아온다. 각도를 벌리는 만큼 시간은 더 걸리지만 마크를 떼어내는 효과는 높아진다. 이때 핵심은 V자의 각도다. 지나치게 좁으면 수비가 따라붙기 쉬워 가로채기를 노릴 수 있다. 가급적 V의 각도를 넓게 벌려서 상대가 수비하기 어려운 코스를 만들도록 의식하자. 움직일 방향은 최종적으로 자신이 공을 받고 싶은 위치를 기준으로 역으로 계산해 결정한다.

| 이럴 때 사용한다 | **수비가 팔 하나 정도의 간격을 두고 있을 때** |

상대 선수가 팔을 뻗으면 닿을 정도의 거리에 있을 경우, 단순한 I컷으로는 공을 안전하게 받기 어렵다. 이런 상황에서는 상대의 의표를 찔러 거리를 벌릴 수 있는 V컷이 효과적이다.

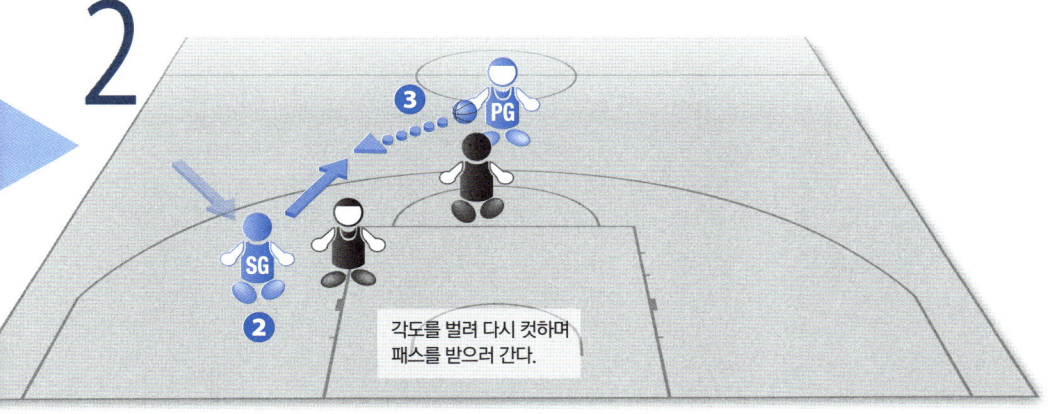

각도를 벌려 다시 컷하며 패스를 받으러 간다.

❷ SG는 V자를 그리듯이 돌아간다.
❸ PG는 SG에게 패스한다.

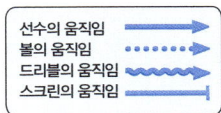

| 밀착 어드바이스 |

슛을 노릴 때는 길게, 패스를 연결할 때는 짧게 움직인다

골밑 방향으로 움직이는 거리가 길수록 마크를 떼어내기 쉬워지지만 그만큼 시간이 오래 걸린다. 직접 슛을 노릴 때는 길게 움직이고, 패스를 연결하는 역할일 때는 짧게 움직이면 좋을 것이다. 두 경우 모두 V의 각도는 넓게 잡는 것을 잊지 말자.

PART 3 볼을 받는 움직임

L컷
수비수를 밀어 넣은 다음 수직으로 움직여 패스를 받는다

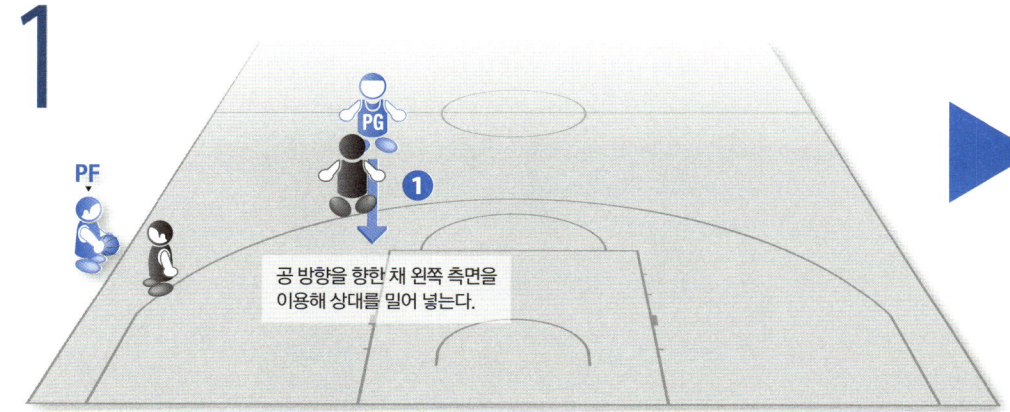

공 방향을 향한 채 왼쪽 측면을 이용해 상대를 밀어 넣는다.

각 포지션의 움직임

① 스로인을 받기 위해 PG는 상대 수비에게 몸을 부딪치면서 1미터 정도 전진한다.

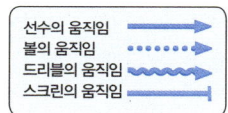

기술 가이드 접촉 플레이로 공간과 시간을 만든다

측면으로 선 상태로 마크맨과 접촉해 1미터 정도 밀어 넣은 다음 L자를 그리듯이 공 방향으로 이동하는 기술이 L컷이다. 접촉 플레이를 통해 공을 받을 공간과 시간을 만드는데, L자로 움직일 때의 타이밍과 각도가 중요하다. 턴을 시작하는 움직임과 패스의 타이밍이 어긋나거나 각도가 V자에 가까워지면 가로채기를 당하기 쉬우니 주의하자. 또 상대가 신체적으로 우월할 경우에는 사용하기 어렵다는 점도 기억해 두자.

| 이럴 때 사용한다 | 압박이 심한 경우 |

수비수가 밀착해서 패스 코스가 없는 상황에서는 상대를 밀어 넣는 L컷이 효과적이다. 스로인으로 경기가 재개될 때 등 확실히 공을 받고 싶은 상황에서도 자주 사용하는 플레이 중 하나다.

상대 수비로부터 먼 쪽 손을 기준으로 삼는다.

❷ 상대 선수를 밀어 넣으면서 옆으로 움직인다.
❸ PF는 PG에게 스로인한다.

선수의 움직임 →
볼의 움직임 ┄┄┄▶
드리블의 움직임 〜〜▶
스크린의 움직임 ━━┫

밀착 어드바이스

마크로부터 먼 쪽 손으로 패스를 받는다

L컷은 측면으로 서는 자세가 기본이다. 한쪽 팔로 상대를 철저히 블록해 밀어 넣고, L자로 움직이면서 다른 쪽 손으로 패스를 요청하자. 상대로부터 먼 위치에서 패스를 받을 수 있으므로 가로채기의 위험도 낮아진다.

PART 3 볼을 받는 움직임

C컷

배후 공간으로 상대를 끌어들인 다음 C자를 그리며 돌아간다

각 포지션의 움직임

① SG는 PF 쪽으로 컷한다.

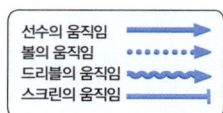

기술 가이드   **하이 리스크 하이 리턴**

상대 수비수의 배후를 차지해 상대를 끌어들인 다음 C자를 그리듯이 원래의 위치로 돌아오는 C컷. V컷에 비해 움직임이 크고 시간이 걸리기 때문에 패스의 템포가 느려지는 경향이 있지만 그만큼 마크를 떼어내는 효과가 높다. 'High risk High return(고위험 고수익)'의 특성을 감안해 중요한 순간에 사용하자. 특히 많이 사용되는 것은 포스트 맨을 이용한 컷이다. 포스트 맨을 돌아 들어가듯이 C자를 그리면 자연스럽게 스크린 플레이가 되기 때문에 수비수가 대응하기도 어려워진다.

| 이럴 때 사용한다 | **V컷이나 L컷으로 마크를 떼어낼 수 없을 때** |

상대의 풋워크 또는 신체 조건이 우수해서 V컷이나 L컷으로 마크를 떼어낼 수 없을 경우는 C컷을 사용한다. 국면을 타개하기 위한 최종 수단으로 생각하자.

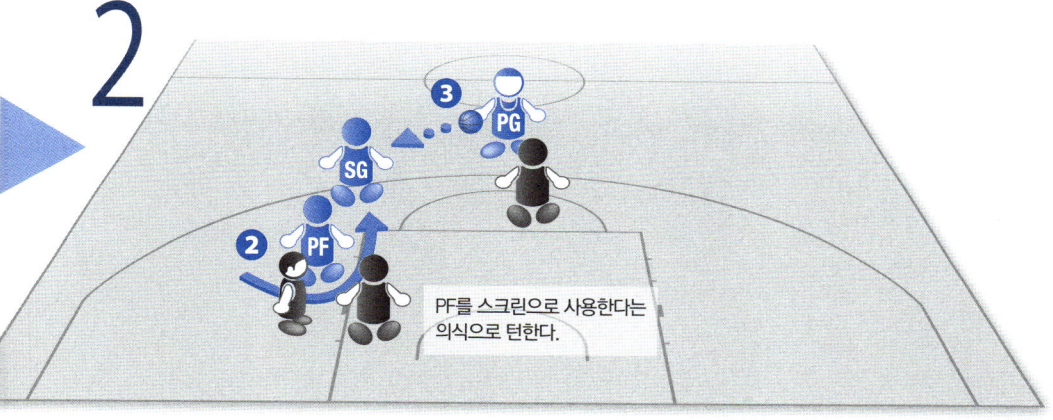

❷ SG는 PF의 뒤로 돌아 들어가듯이 턴한다.
❸ PG는 SG에게 패스한다.

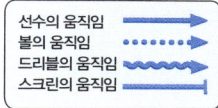

밀착 어드바이스

상대의 배후를 파고들었다면 작고 빠르게 움직인다!

이동 거리가 긴 C컷에서는 속도가 중요하다. 수비수의 배후를 차지했으면 최대한 작고 빠르게 움직여 패스를 받자. 필요 이상으로 시간을 들이면 패스 돌리기의 템포가 엉망이 되니 주의해야 한다.

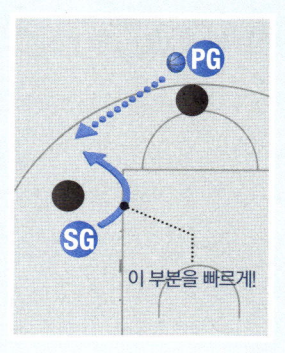

PART 3 볼을 받는 움직임

볼 사이드 컷

볼과 가까운 쪽으로 상대를 뚫고 골대로 향한다

1

① 수비를 잘 주시하며 타이밍을 잰다.

각 포지션의 움직임

① SG는 백스텝으로 상대를 끌어들인다.

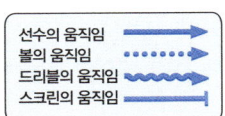

기술 가이드 — **결정적인 상황을 만드는 공격적인 컷**

볼 사이드 컷은 말 그대로 수비수의 양 사이드 중 볼과 가까운 쪽으로 통과해 패스를 받는 컷을 가리킨다. 골밑을 향하면서 볼을 받을 수 있기 때문에 성공하면 단번에 슛까지 연결시킬 수 있는 공격적인 컷이다. 다만 상대 선수도 볼 사이드를 예의주시하는 것이 기본이기 때문에 성공하기 위해서는 테크닉이 필요하다. 백스텝으로 골대로부터 멀어졌다가 수비수가 거리를 좁혀 들어오는 순간을 역이용해 제친다는 느낌으로 실시하면 도움이 될 것이다.

| 이럴 때 사용한다 | 자신의 전방에 포스트 맨이 없을 때 |

볼 사이드 컷은 골밑 방향으로 움직이면서 공을 받기 때문에 전방에 동료가 포스트 업을 하고 있으면 사용하기가 어렵다. 포스트 맨이 없고 어느 정도 공간이 있을 때 사용하면 위력을 발휘하는 컷이다.

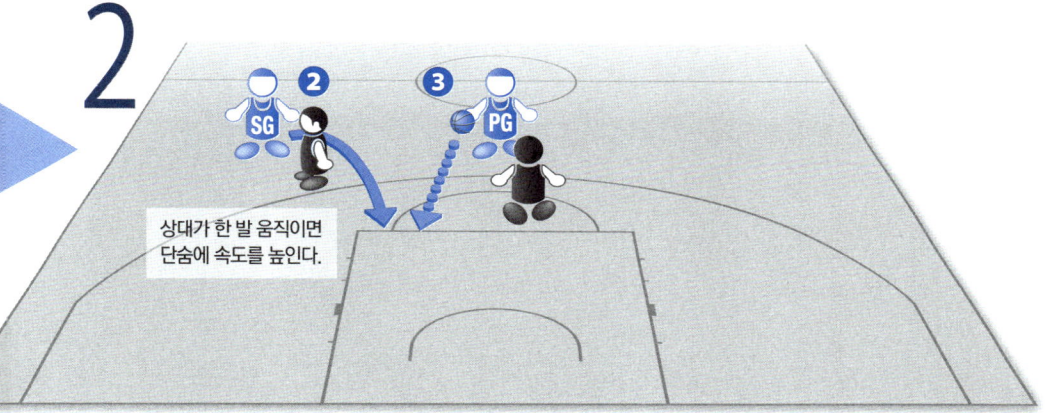

❷ SG는 볼과 가까운 쪽으로 상대를 돌파한다.
❸ PG는 SG에게 패스한다.

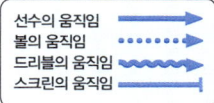

밀착 어드바이스

체인지 오브 페이스로 상대를 제친다

단조로운 움직임으로는 볼 사이드 컷을 성공시킬 수 없다. 이때는 움직임의 리듬(속도)에 변화를 주는 체인지 오브 페이스의 테크닉이 효과적이다. 천천히 백스텝을 해서 상대를 움직이게 한 다음 단숨에 속도를 높여 골밑으로 향하자.

PART 3 볼을 받는 움직임

하이포스트에서 볼을 받는다
수비의 중심부로 상대 수비수를 끌어들인다

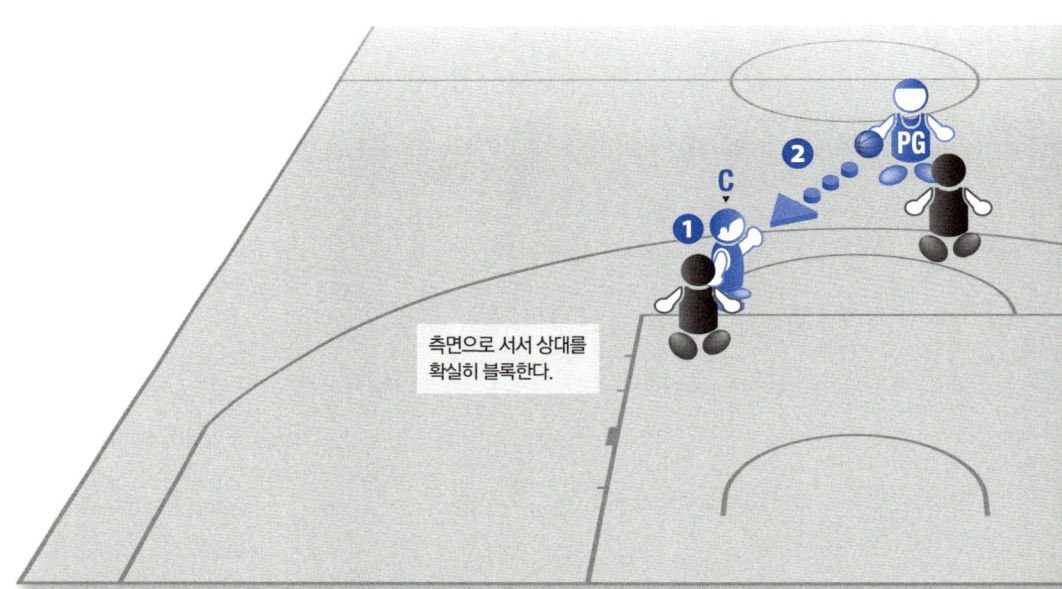

측면으로 서서 상대를 확실히 블록한다.

기술 가이드 — 측면으로 서서 받고 상대를 블록한다

포스트 중에서 자유투 라인 부근을 하이포스트라고 부른다. 수비의 중심부에 해당하기 때문에 공이 들어오면 수비가 모여들며, 상대적으로 아웃사이드에 대한 압박도 약해진다. 그렇기 때문에 하이포스트에서의 플레이는 공격을 안정시켜 기점을 만드는 것이 주된 플레이가 된다. 다만 상대를 끌어들이는 만큼 공을 빼앗길 리스크도 높아진다. 측면으로 서서 포스트 업을 하고 한쪽 팔로 수비수를 묶어 두면서 다른 쪽 손으로 패스의 방향을 알리는 것이 중요하다.

이럴 때 사용한다 — **상대 팀이 지역 방어일 때**

2-3 등의 지역 방어를 무너트릴 때는 하이포스트에서부터 공격하는 것이 원칙이다. 전위와 후위에서 수비수 1명씩을 끌어들일 수 있으므로 수적 우위를 만들기 용이하다.

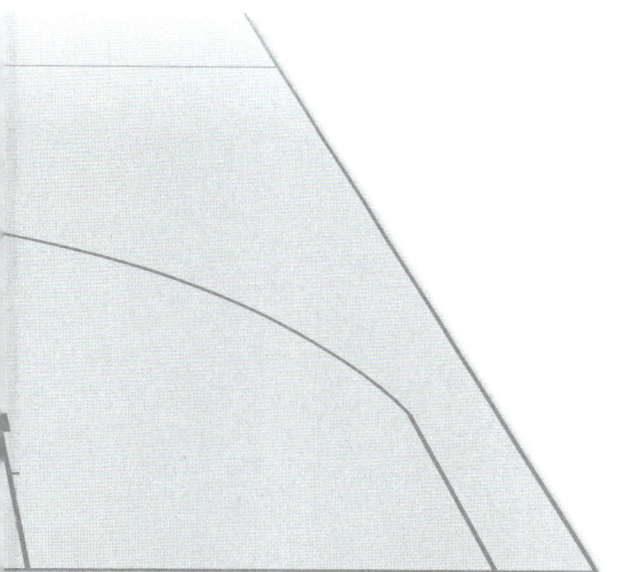

각 포지션의 움직임

❶ C는 상대 수비수에 대해 측면으로 서서 포스트 업을 한다.

❷ PG는 C에게 패스한다.

- 선수의 움직임
- 볼의 움직임
- 드리블의 움직임
- 스크린의 움직임

밀착 어드바이스

등지고 서지 말고 측면으로 서서 패스를 받는다

사방에서 수비에 둘러싸이는 하이포스트에서는 수비수를 등지고 서면 마크를 억제할 수 있지만 전위의 다른 수비수에게 가로채기를 당할 위험성이 있다. 때문에 가급적 측면으로 서서 시야를 넓게 유지하면서 공을 받도록 의식해야 한다.

PART 3 볼을 받는 움직임

로포스트에서 볼을 받는다
제한구역 양쪽 끝에서 골대와 가장 가까운 지역에서 받는다

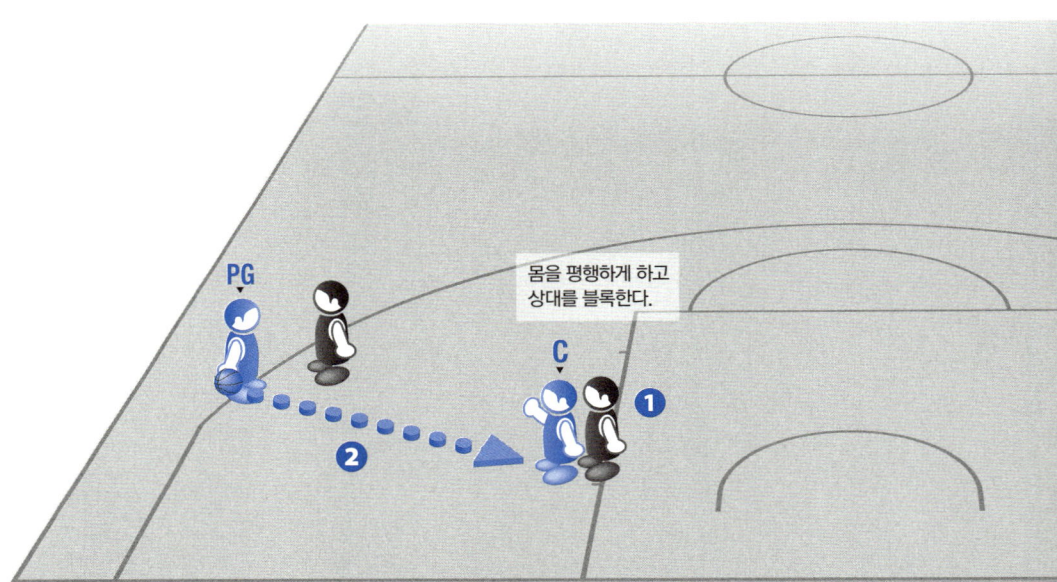

몸을 평행하게 하고 상대를 블록한다.

| 기술 가이드 | 마크에 대해 평행하게 포스트 업 |

엔드 라인 근처의 페인트 존 양쪽 부근을 로포스트라고 부른다. 골대와 가까워 한 번의 플레이로 슛을 노릴 수 있기 때문에 인사이드 플레이어가 일대일을 시도하기에는 절호의 지역이라고 할 수 있다. 사방에 수비가 있는 하이포스트와 달리 로포스트는 후방과 전방, 이 두 방향만 주의하면 비교적 안전하다. 그래서 공을 받을 때는 측면으로 서기보다 몸을 평행하게 해서 마크를 블록하는 것이 중요하다. 상대 수비수에 대해 몸을 면으로 만든다고 생각하면 될 것이다.

| 이럴 때 사용한다 | 확실히 득점하고 싶을 때 |

로포스트에서는 잘만 하면 확률 높은 골밑 슛을 노릴 수 있다. 일대일이 어려울지라도 올바른 자세를 잡기 용이한 로포스트에서의 패스는 슈터의 슛 성공률도 높여준다.

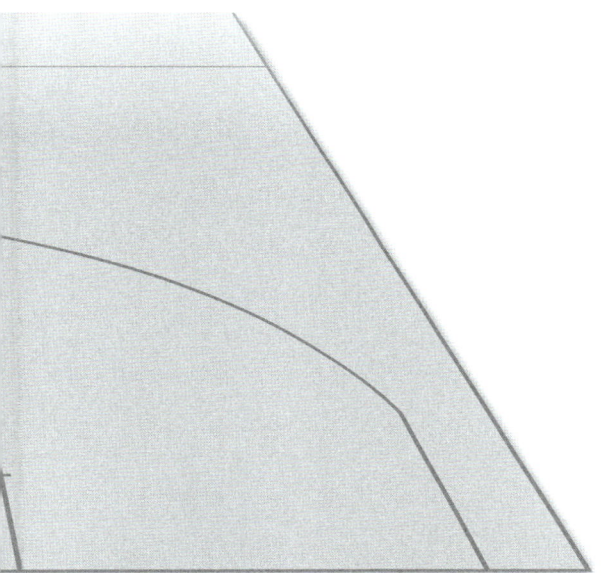

각 포지션의 움직임

❶ C는 로포스트에서 포스트 업을 한다.
❷ PG는 타깃 핸드를 향해 패스한다.

선수의 움직임
볼의 움직임
드리블의 움직임
스크린의 움직임

밀착 어드바이스

패서와 의사소통을 명확히 하자

포스트 플레이에서 공을 받을 때는 한쪽 손을 들어 올려 어디로 패스해 주기를 원하는지 패서에게 명확히 알리는 것이 중요하다. 가로채기를 방지할 수 있을 뿐만 아니라 다음 플레이로 용이하게 연결할 수 있다.

PART 3 볼을 받는 움직임

손으로 건네받는다

손으로 공을 건네받는 동시에 스크린으로 마크를 떼어낸다

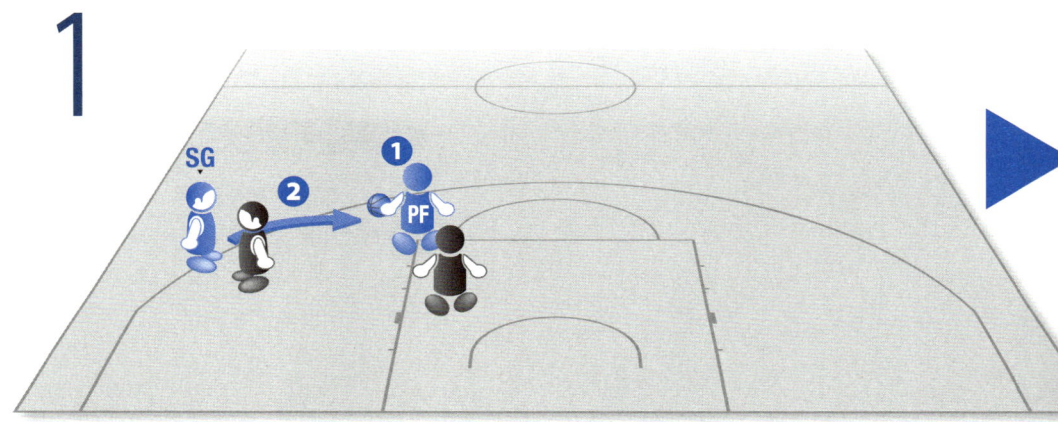

각 포지션의 움직임

① PF가 하이포스트에서 볼을 키핑한다.
② 윙에 있던 SG는 PF를 향해 달린다.

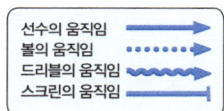

기술 가이드   마크가 동료에게 부딪히도록 만든다

손으로 건네받는 패스는 동료로부터 공을 받는 동시에 자신의 마크가 스크린에 걸리도록 만드는 복합적인 플레이다. 자신이 패서를 향해 달려서 뒤따라오는 마크가 동료에게 부딪히도록 만든다고 생각하면 이해하기 쉬울 것이다. 패서가 몸집이 큰 선수이고 리시버가 작고 볼 핸들링이 좋은 선수라면 수비가 대응하기 어렵다. 상대가 스위치를 했을 경우는 그대로 미스매치를 이용할 수 있고, 스위치를 하지 않으면 노 마크가 된 상황을 이용해 공격을 전개할 수 있다.

| 이럴 때 사용한다 | 좀 더 공격적으로 시도한다 |

마크를 떼어내거나 미스매치를 만들 수 있기 때문에 공격의 우선권을 잡을 수 있다. 공격을 시도할 기회를 만들기에 절호의 패스라고 할 수 있다.

상대가 스위치했을 경우에는, PF가 포스트 업이나 컷 인을 해서 미스매치를 파고들자.

❸ SG는 PF가 건넨 공을 받아 드리블한다.
❹ 동시에 PF는 SG의 수비수에게 스크린을 건다.

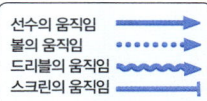

밀착 어드바이스

어깨와 어깨를 스치면서 공을 받는다

손으로 건네는 패스의 핵심은 스크린 플레이를 확실히 성공시키는 것이다. 동료의 어깨와 자신의 어깨가 스치듯이 지나면서 공을 받으면 수비가 끼어들 틈새를 주지 않아 마크를 떼어낼 수 있다.

PART 3 볼을 받는 움직임

스크린을 이용해서 볼을 받는다①
정통적인 V자를 그리는 컷으로 스크린에 걸리게 한다

| 기술 가이드 | 상대를 안으로 밀어 넣어 스크린에 걸리게 한다 |

동료를 마크하고 있는 수비수의 진로에 버티고 서서 마크하기 어렵게 만드는 것이 스크린 플레이로, 이것을 이용해 공을 받는 방법도 효과적이다. V자를 그리도록 달려서 수비가 스크린에 걸리도록 한 후 패스를 받는 가장 정통적인 방법으로, 스크린 역할을 하는 동료(스크리너)를 향해 달려서 어깨와 어깨가 스치듯이 지나쳐 패스를 받고자 하는 위치까지 가자. 포인트는 일단 수비수를 안으로 밀어 넣는 것이다. 이렇게 하면 상대가 스크린에 걸릴 가능성이 높아진다.

이럴 때 사용한다 ▶ **로포스트의 동료를 이용한다**

가장 일반적인 패턴은 로포스트의 플레이어를 이용하는 것이다. 코너 부근에서 출발해 로포스트 옆을 지나 윙 부근에서 공을 받는 것이 기본이다. 인사이드의 선수가 스크리너가 되므로 상대가 마크를 맞바꿔서 대응하기가 어렵다는 이점도 있다.

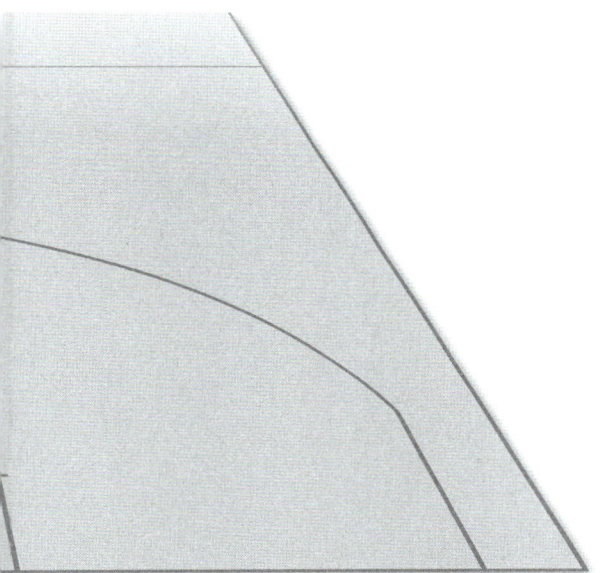

각 포지션의 움직임

① SG는 수비수를 스크린에 걸릴 위치까지 밀어 넣는다.
② SG는 PF를 스크린으로 이용해 윙 부근까지 올라간다.
③ PG는 SG에게 패스한다.

선수의 움직임 ▶
볼의 움직임 ┈┈▶
드리블의 움직임 〰▶
스크린의 움직임 ═▶

밀착 어드바이스

스크린은 움직이지 않는다

스크린 플레이는 스크린을 이용할 선수의 타이밍에 맞춰서 실시하는 것이 원칙이다. 그러므로 스크리너는 스크린을 이용할 동료가 지시한 장소에 정확히 벽을 만들자. 마음대로 움직이면 스크린을 이용하는 선수의 코스를 방해할 수도 있으니 주의한다.

PART 3 볼을 받는 움직임

스크린을 이용해서 볼을 받는다②
스크린의 주위에서 반원을 그리며 달리는 컬 컷

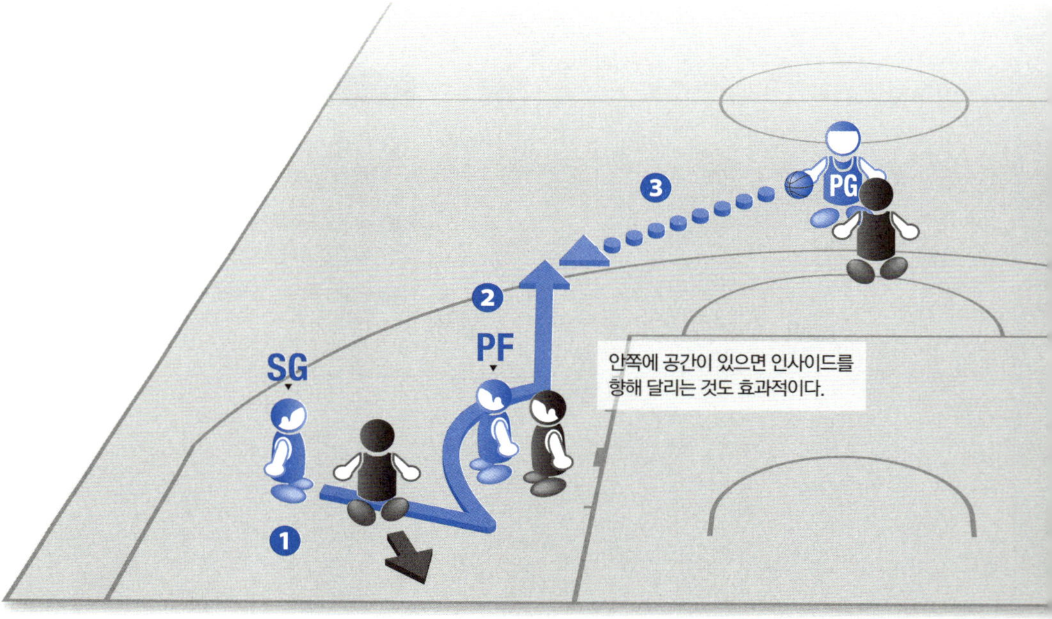

안쪽에 공간이 있으면 인사이드를 향해 달리는 것도 효과적이다.

| 기술 가이드 | 기본은 바로 위, 공격이 가능하면 인사이드로 달린다 |

V자로 달리는 컷으로는 상대가 스크린에 걸려들지 않는 위치에 있을 때, 자주 사용되는 것이 컬 컷이다. 포스트 맨의 주위에서 반원을 그리며 달리기 때문에 상대를 확실히 스크린에 걸리도록 만들 수 있는 컷이다. 그 후의 움직임은 직선적으로 바로 위를 향해 올라가는 패턴과 인사이드로 파고드는 패턴이 있다. 전자가 정통적이지만, 안쪽에 공간이 있어 패스를 받으면 슛까지 연결시킬 수 있으리라 판단되는 상황에서는 후자를 선택해도 좋을 것이다.

| 이럴 때 사용한다 | 상대가 자신보다 아래에 있을 때 |

상대를 안쪽으로 몰아넣을 때, 수비가 자신보다 아래에 위치해 스크린을 피하려 하는 경우가 있다. 그럴 경우는 단순히 직선적인 컷으로는 상대가 스크린에 걸리지 않으므로 반원을 그리는 컬 컷이 위력을 발휘한다.

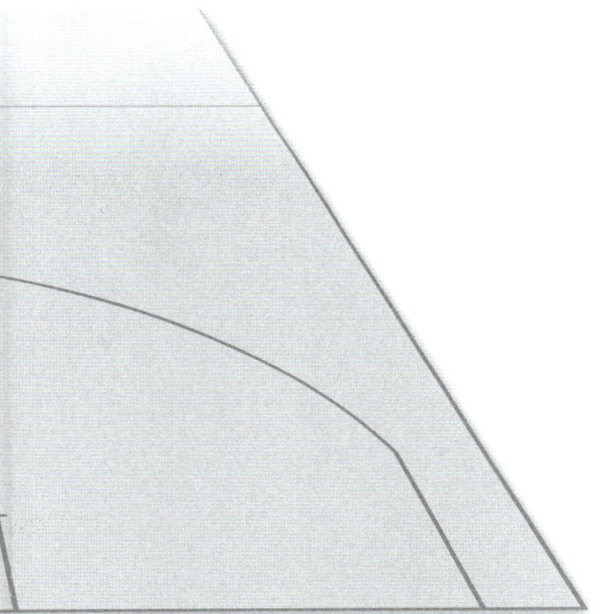

각 포지션의 움직임

❶ SG는 수비를 밀어 넣는다.
　(상대가 아래로 이동해 스크린을 피하면)
❷ SG는 반원을 그리며 윙까지 올라간다.
❸ PG는 SG에게 패스한다.

선수의 움직임
볼의 움직임
드리블의 움직임
스크린의 움직임

| 밀착 어드바이스 |

수비의 위치를 주의 깊게 확인한다

스크린을 이용한 컷은 여러 종류가 있는데, 어떤 컷을 선택할지는 상대의 포지셔닝에 따라 판단한다. 이를 위해서는 움직이는 가운데 상대가 어떻게 대응하는지를 주의 깊게 관찰하는 것이 중요하다.

PART 3 볼을 받는 움직임

스크린을 이용해서 볼을 받는다③
컬 컷의 변칙인 Z컷을 구사해 사이드 라인 쪽으로 빠져서 패스를 받는다

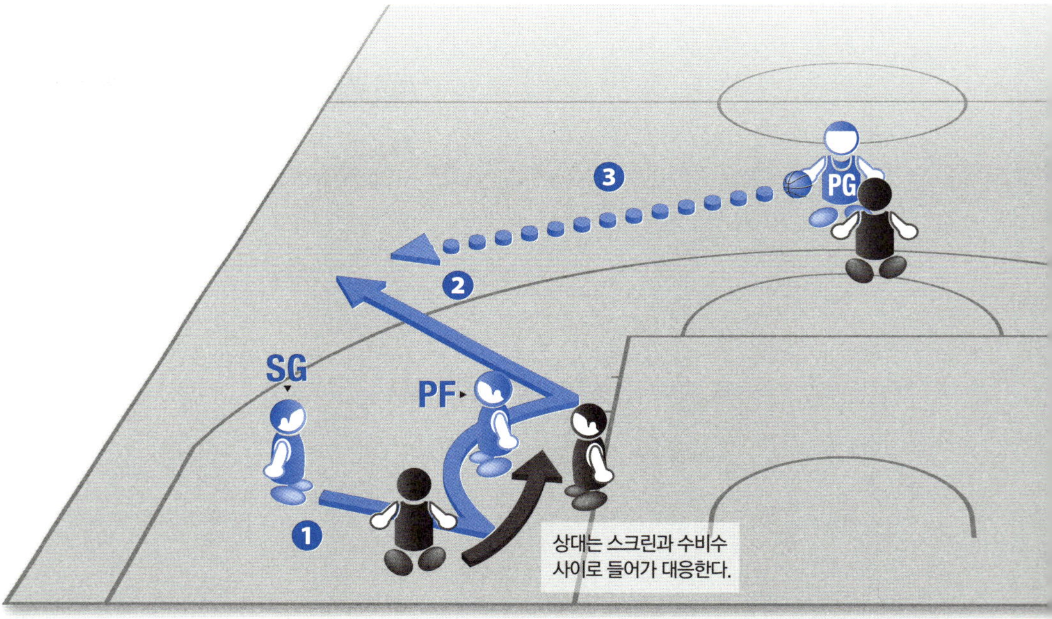

상대는 스크린과 수비수 사이로 들어가 대응한다.

| 기술 가이드 | 컬 컷 도중에 사이드 라인 쪽으로 빠진다 |

컬 컷의 변칙적인 활용형이 Z컷이다. 상대가 컬 컷을 읽고 대응했을 때 효과를 발휘한다. 반원을 그리듯이 돌면서 스크린을 이용하는 것은 컬 컷과 같지만, 여기에서 사이드 라인 쪽으로 빠져서 윙 부근의 아웃사이드를 향하는 것이 Z컷의 특징이다. 상대가 뒤에서 쫓아올 경우는 컬 컷을 사용하고, 스크리너와 그의 수비수 사이로 들어왔을 때는 Z컷을 사용하면 좋을 것이다.

| 이럴 때 사용한다 | 컬 컷을 미끼로 이용한다 |

중간까지는 컬 컷과 움직임이 같기 때문에 상대의 대응을 보고 진행 방향을 바꿀 수 있다. 컬 컷을 미끼로 이용해, 상대가 대응할 경우 Z컷으로 전환하면 효과적일 것이다.

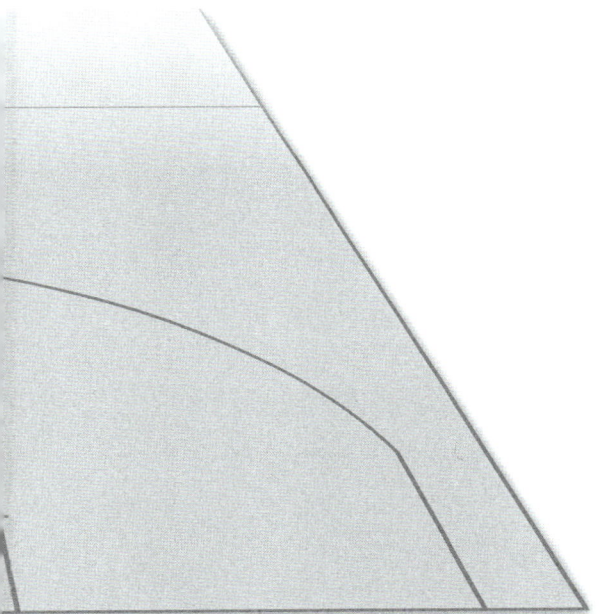

각 포지션의 움직임

① SG는 수비수를 밀어 넣는다.
  (상대가 PF와 수비수 사이로 들어가면)

② SG는 컬 컷의 움직임을 보이다가 사이드 라인 쪽으로 빠진다.

③ PG는 SG에게 패스한다.

선수의 움직임 →
볼의 움직임 ┄┄┄▶
드리블의 움직임 〜〜▶
스크린의 움직임 ━━┫

밀착 어드바이스

어디에서 공을 받고 싶은지를 생각하며 움직임을 선택한다

컬 컷의 경우는 거의 톱에 가까운 위치로 움직이게 되지만, Z컷의 경우는 그보다 조금 낮은 위치로 가게 된다. 상대의 대응뿐만 아니라 자신이 공을 받고 싶은 위치를 생각하며 움직일 수 있게 되면 더욱 수준 높은 활용이 가능해진다.

PART 3 볼을 받는 움직임

스크린을 이용해서 볼을 받는다 ④
패서로부터 멀어지듯이 움직이는 플레어 컷

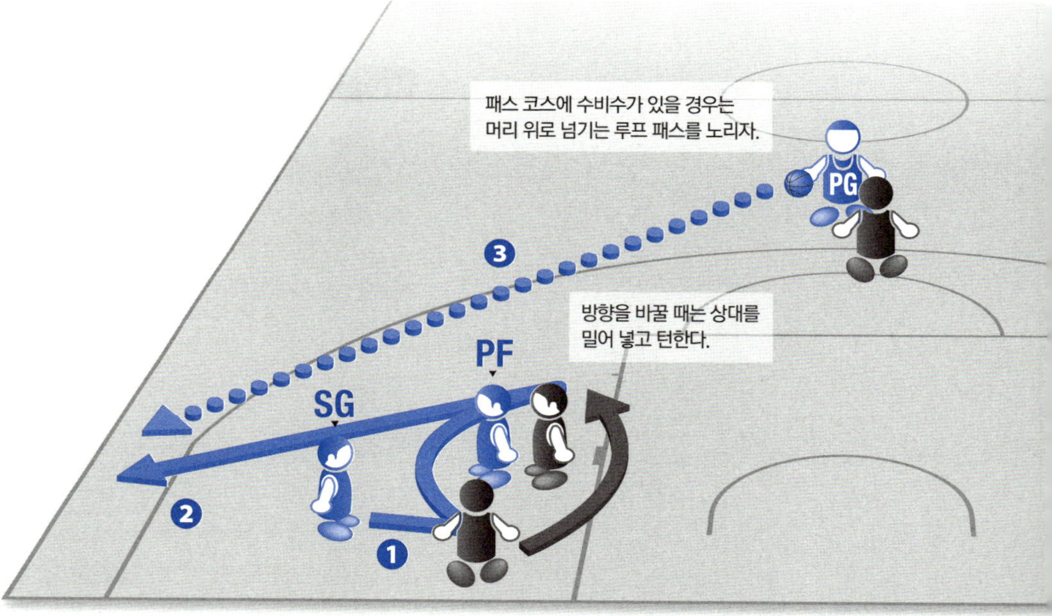

패스 코스에 수비수가 있을 경우는 머리 위로 넘기는 루프 패스를 노리자.

방향을 바꿀 때는 상대를 밀어 넣고 턴한다.

| 기술 가이드 | 상대의 움직임을 역이용한다 |

상대 수비가 스크린을 피하기 위해 스크린의 뒤쪽으로 돌아 들어가는 움직임을 보이는 경우가 있다. 플레어 컷은 그 움직임을 역이용해 공으로부터 멀어지듯이 움직이며 패스를 받는 플레이다. 위의 그림에서는 V를 그리며 이동하던 SG가 수비의 대응을 보고 코너 방향으로 플레어 컷을 하고 있다. 이때 주의할 점은 패스의 거리가 길어진다는 것이다. 당연히 패스가 차단당할 위험도 높아지므로 수비와 가장 멀리 떨어진 곳을 목표로 패스한다고 생각하면 좋을 것이다.

| 이럴 때 사용한다 | **상대가 패스 코스로 앞질러 갔을 경우** |

상대가 앞질러 가서 패스를 차단하려 할 경우, 뒤쪽 공간으로 움직이는 플레이어 컷이 효과적이다. 패스 코스로 들어가려 하는 수비수의 의표를 찔러서 공을 받자.

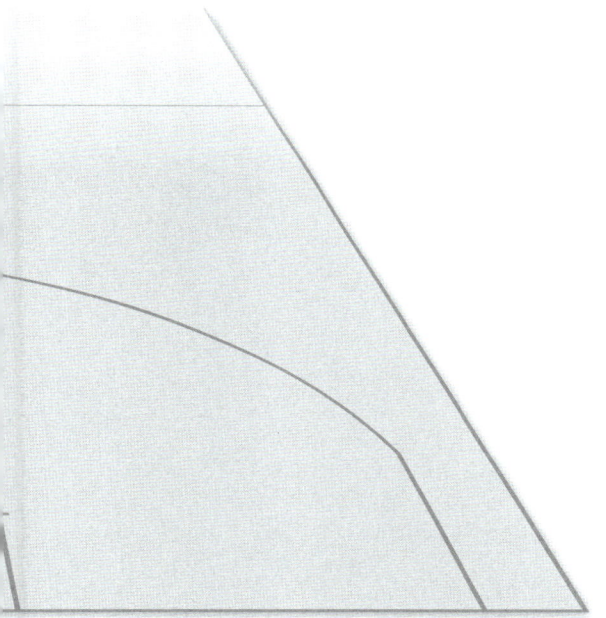

각 포지션의 움직임

① SG는 수비수를 밀어 넣는다.
   (상대가 PF의 뒤쪽으로 돌아 들어오면)
② SG는 턴해서 코너로 움직인다.
③ PG는 SG에게 패스한다.

선수의 움직임 ▶
볼의 움직임 ▶
드리블의 움직임 ▶
스크린의 움직임 ▶

| 밀착 어드바이스 |

상대를 밀어 넣은 반동을 이용해 반대 방향으로 턴한다

플레이어 컷에서 반대 방향으로 움직일 때는 상대를 밀어 넣은 반동으로 턴하는 것이 효과적이다. 상대가 쫓아오기 힘들어질 뿐만 아니라 재빨리 턴할 수가 있다. 밀착해서 따라붙는 마크를 역이용하는 테크닉이다.

PART 3 볼을 받는 움직임

스크린을 이용해서 볼을 받는다⑤
역방향으로 움직임으로써 밀착 마크하는 수비수의 의표를 찌르는 백 컷

역방향으로 움직일 때도 상대를 밀어 넣은 다음 턴한다.

| 기술 가이드 | 뒤쪽 공간을 찌른다 |

V컷 등으로 윙의 위치로 가는 척하다 뒤쪽 공간으로 달려가는 것이 백 컷이다. 수비수가 자신과 스크린 사이로 끼어들었을 경우에 이 컷이 위력을 발휘한다. 다만 이 컷은 뒤쪽에 공간이 없으면 패스를 받기 어렵다. 또 로포스트의 마크맨이 인사이드의 공간을 커버하며 대응할 경우가 있는데, 그때는 로포스트의 플레이어가 하이포스트 방향으로 이동해 공을 받는 플레이가 효과적이다.

| 이럴 때 사용한다 | 상대가 밀착 마크를 할 때 |

밀착 수비일 경우, 상대가 앞질러서 자신과 스크린 사이로 들어올 수 있다. 백 컷은 그처럼 앞질러 들어오는 수비의 의표를 찌르는 컷이라고 생각하자.

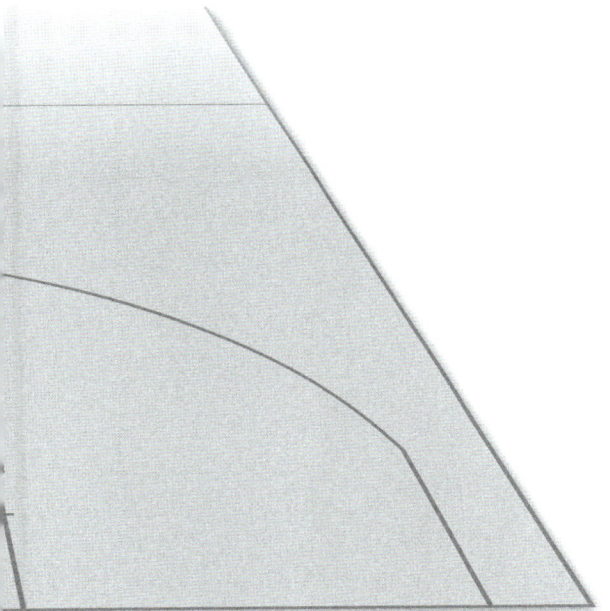

각 포지션의 움직임

① SG는 V컷으로 올라간다.
 (상대가 SG와 C의 사이로 들어왔다면)
② SG는 몸을 돌려 뒤쪽 공간으로 달린다.
③ PG는 SG에게 패스한다.

선수의 움직임 ──▶
볼의 움직임 ┄┄▶
드리블의 움직임 ～～▶
스크린의 움직임 ──▶

| 밀착 어드바이스 |

경기 중에 한 번은 백 컷을 사용한다

백 컷을 하지 않으면 수비로서도 노림수를 좁히기가 수월해진다. 그러므로 가능하면 게임 초반에 백 컷을 사용해 뒤쪽 공간을 경계하도록 만들면, 이후 스크린 플레이의 주도권을 잡을 수 있다.

PART 3 볼을 받는 움직임

리바운드한 볼을 받는다①
자유투 라인보다 앞쪽에서 받는 것이 속공의 원칙

PG가 자유투 라인보다 위에 있을 경우

속공의 경우는 자유투 라인보다 위의 위치에서 받는다.

각 포지션의 움직임

❶ C가 골밑에서 리바운드를 잡아낸다.
❷ PG는 사이드로 이동한다.
❸ C는 PG에게 아웃렛 패스를 한다.

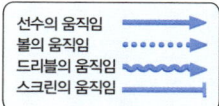

| 기술 가이드 | **PG의 상황 판단력이 요구된다** |

수비 리바운드를 잡은 후 공격 개시를 위해 동료에게 길게 보내는 첫 패스가 아웃렛 패스다. 속공을 노릴 때는 공 운반을 담당하는 PG가 자유투 라인보다 위쪽의 사이드로 이동해 아웃렛 패스를 받는다. 이때 PG는 코트의 상황을 확인하면서 패스를 받은 뒤의 속공 코스를 머릿속에 떠올려 두는 것이 중요하다. 만약 PG가 낮은 위치에 있을 경우는 포물선을 그리듯이 달리면서 그 기세로 C의 패스를 받아 속공을 전개한다. 양쪽 모두 PG의 상황 판단력이 요구되는 상황이라고 할 수 있다.

| 이럴 때 사용한다 | **속공을 노릴 때** |

PG는 리바운드 후에 속공을 노릴 수 있을 것이라 판단한다면, 팀 차원에서 미리 정해 놓은 위치로 가서 공을 받아 재빨리 속공을 전개한다.

PG가 자유투 라인보다 아래에 있을 경우

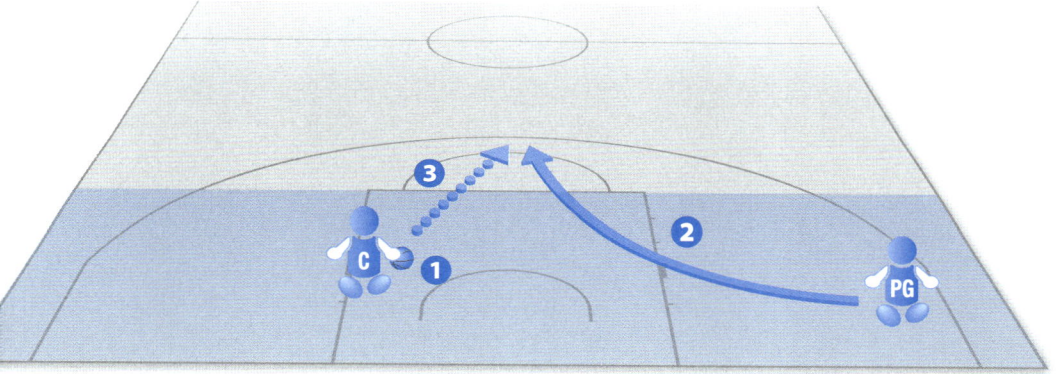

❶ C가 골밑에서 리바운드를 잡아낸다.
❷ PG는 포물선을 그리듯이 달린다.
❸ C는 PG에게 아웃렛 패스를 한다.

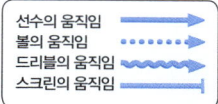

선수의 움직임
볼의 움직임
드리블의 움직임
스크린의 움직임

| 밀착 어드바이스 |

수직 방향의 패스는 위험!

오른쪽의 그림처럼 C와 PG가 수직으로 위치해 있고 그 거리가 멀 경우 패스를 하는 것은 매우 위험하다. 상대 수비는 이미 PG에게 볼이 갈 것이라 예측하고 체크하고 있으므로 차단당할 위험이 높다.

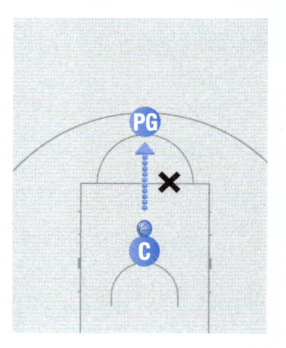

PART 3 볼을 받는 움직임

리바운드한 볼을 받는다②
자유투 라인보다 뒤쪽에서 받는 것이 지공의 원칙

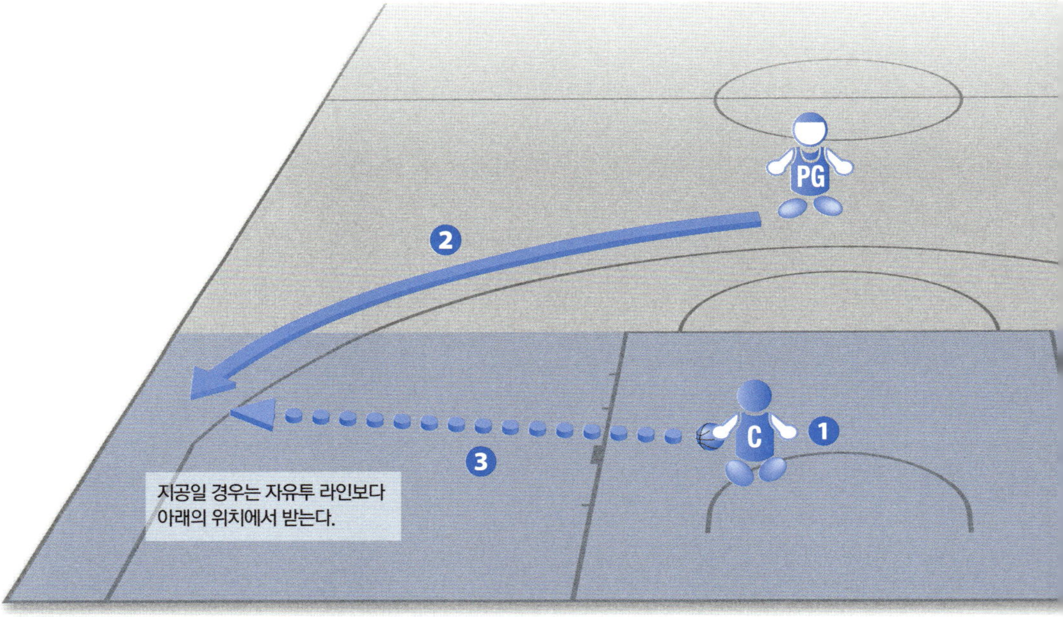

> 지공일 경우는 자유투 라인보다 아래의 위치에서 받는다.

기술 가이드 — **공을 받는 위치가 신호**

여기에서는 천천히 템포를 늦추어 공격을 전개하는 지공 시 공을 받는 방법을 소개한다. 일반적으로 속공을 할 것이냐 지공을 할 것이냐는 PG가 코트의 상황을 보고 판단한다. 그리고 PG가 공을 받는 위치가 자유투 라인보다 위라면 속공, 아래라면 지공과 같은 식으로 팀 전체가 사전에 전략을 공유하고 있으므로, 주변의 선수들은 그 약속에 따라 라인을 선택해 이동하며 공격을 전개한다. 지공을 할 때는 서두르지 말고 정확하고 안전하게 공을 운반하는 것이 중요하다.

| 이럴 때 사용한다 | **세트 오펜스일 때** |

하프 코트에서 세트 오펜스를 시도하는 등의 경우에는 자유투 라인보다 아래의 위치에서 공을 받는다. 확실히 공을 운반하면서 동료에게 공격 지시를 내리자.

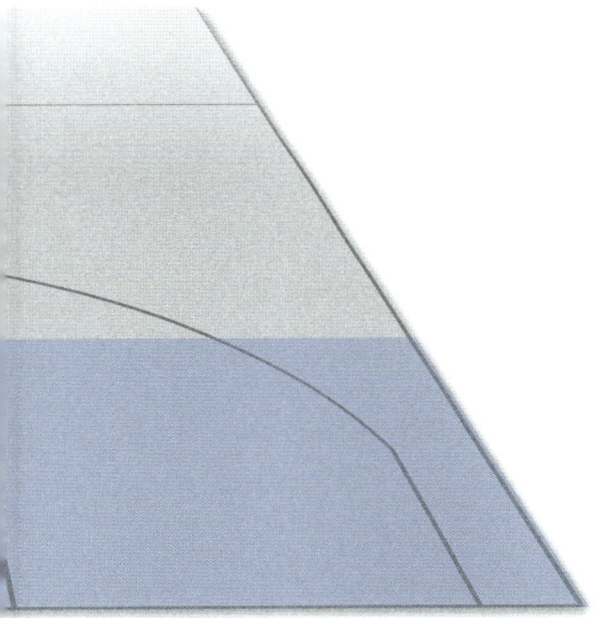

각 포지션의 움직임

① C가 골밑에서 리바운드를 잡아낸다.
② PG는 사이드로 이동한다.
③ C는 PG에게 아웃렛 패스를 한다.

- 선수의 움직임
- 볼의 움직임
- 드리블의 움직임
- 스크린의 움직임

| 밀착 어드바이스 |

코트 전체를 내다볼 수 있는 자세로 공을 받을 것

아웃렛 패스를 받을 때는 반드시 사이드 라인을 등지고 코트 전체를 내다볼 수 있는 자세로 받도록 한다. 상대편 골대를 등지고 받으면 뒤의 상황을 알 수 없어 속공이냐 지공이냐의 판단을 잘못 내릴 수 있다.

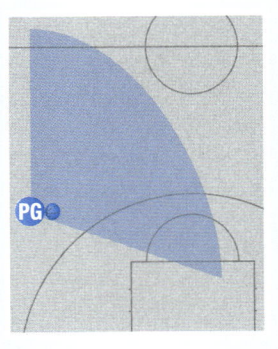

농구 용어 다시보기

센터 라인 Center line
코트 중앙에 엔드 라인과 평행하게 그려진 라인. 이 라인에 의해 백 코트와 프런트 코트로 나뉜다.

스트롱 사이드 Strong side
골대를 중심으로 코트를 세로로 2등분했을 때 공이 있는 사이드를 가리킨다. 볼 사이드라고도 부른다.

스위치 Switch
스크린의 대응책 중 하나. 스크린을 당한 수비수와 스크린을 건 선수의 수비수가 마크 상대를 교환하는 플레이.

슬라이드 Slide
아웃사이드 플레이어가 동료와의 거리를 유지하기 위해 좌우로 이동하는 움직임. 플로어 밸런스의 기본이 되는 플레이다.

스크린 아웃 Screen out
리바운드를 할 때 상대가 공의 낙하지점으로 들어오지 못하도록 몸으로 막으며 포지션을 잡는 플레이. 박스 아웃이라고도 한다.

아웃렛 패스 Outlet pass
인사이드 플레이어가 리바운드를 확보한 뒤 속공을 하기 위해 PG 등 공 운반을 담당하는 플레이어에게 보내는 패스.

스크린 Screen
동료를 수비하는 상대 선수의 바로 옆에 벽처럼 서서 진로를 방해함으로써 노 마크 상태를 만들어주는 플레이. 벽이 움직이면 파울로 선언되니 주의한다.

아웃사이드 Outside
골대로부터 멀리 떨어진 3점 슛 라인 부근의 지역. PG나 SG, SF 등 그 지역을 중심으로 움직이는 플레이어를 가리키기도 한다.

PART 4
볼을 움직이는 방법

패스를 받는 방법을 이해했다면 다음으로 패스를 보내는 방법의 기본을 익혀 보자. 같은 패스라도 패서와 리시버의 위치 관계나 패스하는 타이밍에 따라 만들어지는 상황과 얻을 수 있는 효과가 달라진다. 각 패스의 의미를 잘 이해함으로써 경기 상황과 포지셔닝에 적합한 패스를 선택할 수 있도록 하자.

PART 4 볼을 움직이는 방법

기본 개념과 기초 지식

볼을 움직이는 방법의 기본을 살펴보자

 볼을 움직이는 방법을 이해하기 위한 세 가지 요소

볼은 사람보다 빨리 움직인다. 볼을 움직이는 원칙에는 상대 팀을 무너트리는 방법의 정수가 담겨 있다. 재빠른 패스 돌리기로 볼을 운반해 상대 팀의 의표를 찌르고 공간을 이용해 득점을 노리자.

1
적정한 거리에서 신속히 연결

패스 연결은 4~6미터의 거리를 유지하는 것이 가장 효율적이다. 신속하게 패스를 돌릴 수 있을 뿐만 아니라 상대에게 공을 빼앗길 리스크도 줄어든다. 이 전제를 머릿속에 담아 두자.

2
수비를 움직이게 한다

패스를 재빨리 연결해 나가면 수비는 움직일 수밖에 없으며, 그 결과 마크하는 선수를 놓치는 상황이 발생하게 된다. 이런 수비의 균열을 만들어내는 것이 볼을 돌리는 가장 큰 목적이다.

3
빈 공간으로 패스

동료를 향해 던지는 것만이 패스가 아니다. 상대의 플로어 밸런스가 무너져서 넓은 공간이 생기면 그곳을 향해 패스하자. 슛으로 연결되는 결정적인 패스가 될 것이다.

볼을 움직이는 방법에는 이런 플레이가 있다!

아웃사이드에서 공 돌리기나 인사이드로 패스하기, 반대로 인사이드에서 패스 아웃하기. 공을 움직이는 방법은 다양하지만 저마다 확실한 노림수가 있다. 상황에 따라 수비가 어떻게 움직이는지도 주목하면 좋을 것이다.

아웃사이드에서 패스를 돌린다

패스 돌리기의 기본이 되는 플레이다. 인접한 동료에게 보내는 패스, 한 명을 건너뛰고 보내는 패스, 코너로 보내는 패스 등에 따라 수비의 대응도 바뀐다.

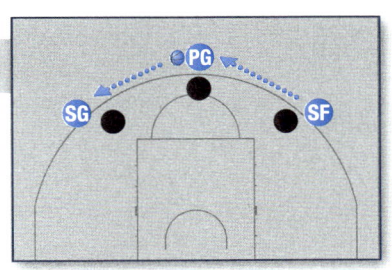

인사이드로 패스한다

아웃사이드의 패스 돌리기뿐만 아니라 인사이드로 보내는 패스도 상대를 움직이게 하는 효과가 크다. 수비가 몰리도록 해 아웃사이드에 대한 마크를 약화시킬 수 있다.

뛰어드는 동료에게 패스한다

속공 상황에서의 롱 패스나 상대의 뒤편으로 달려든 동료에게 보내는 패스는 공간을 효과적으로 이용하는 좀 더 공격적인 패스다. 슛을 노린다면 적극적으로 활용하자.

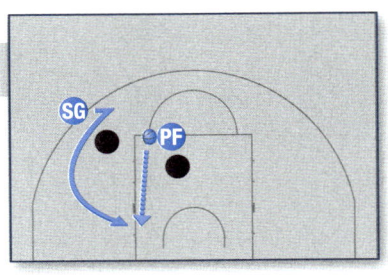

PART 4 볼을 움직이는 방법

패스의 거리

적정한 거리를 유지해 안정적으로 공을 돌린다

 **적정한 거리가 유지되고 있다**
선수들 간의 거리가 적절해서 균형이 좋은 상태. PG는 SG와 SF 중 누구에게든 패스할 수 있다.

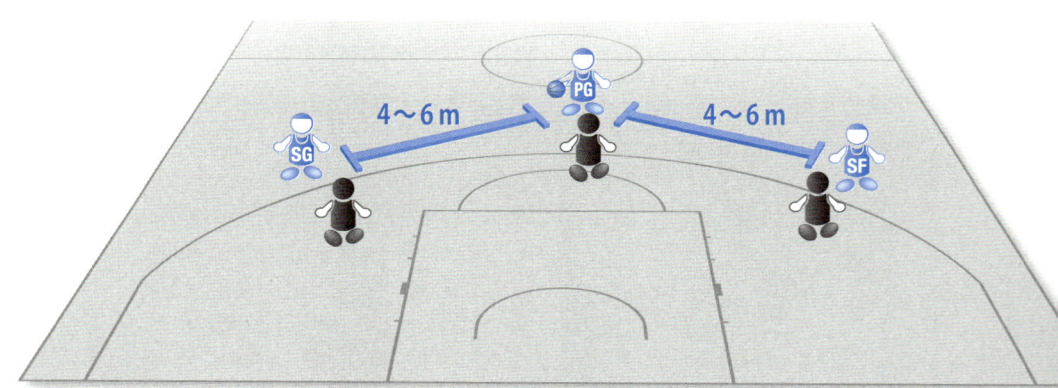

| 기술 가이드 | **최적의 패스 거리는 4~6미터** |

효율적인 패스 돌리기의 전제로서 패스의 적절한 거리를 이해해 둘 필요가 있다. 패스 연결이 가장 용이한 거리는 4~6미터다. 너무 가까워도, 너무 멀어도 효과적인 패스가 나올 수 없다. 너무 가까우면 패스 후 리시버가 수비에게 둘러싸여 버리고, 너무 멀면 수비가 패스 코스에 끼어들 가능성이 높아진다. 양쪽 모두 턴오버로 연결되기 쉽기 때문에 매우 위험하다. 리시버와의 거리를 확실히 파악하고 좋은 거리에서 공을 배급할 수 있도록 하는 것이 중요하다.

이럴 때 사용한다   패스하기 전에 확인해야 할 사항

아웃사이드든 인사이드든 패스의 거리가 적절하지 않으면 공격이 제대로 기능하지 못한다. 효과적인 패스를 전개하기 위해서라도 패스하기 전에 적정한 거리인지 확인하자.

거리의 균형이 나쁘다
선수 간의 거리가 너무 가깝거나 멀어 균형이 좋지 않다. 이래서는 어느 쪽으로도 패스할 수 없다.

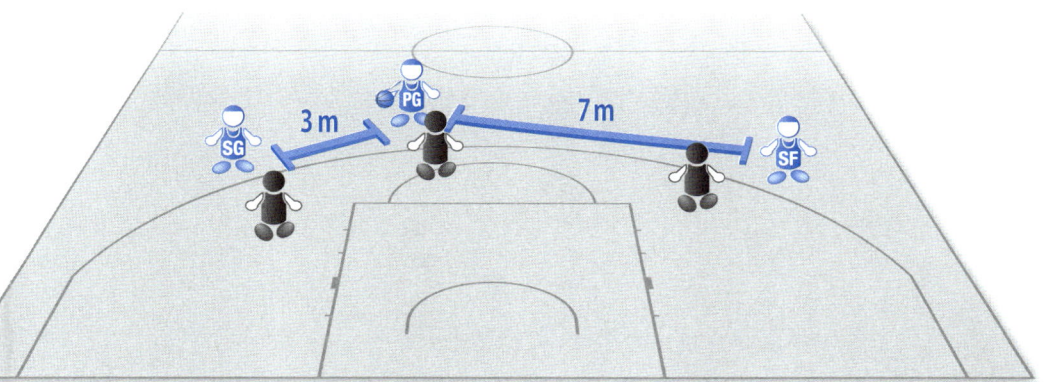

밀착 어드바이스

2인 혹은 3인 패스 연습은 4~6미터의 거리에서 하자

2인 패스 연습을 할 때 어디에서 하는가? 제한구역의 양쪽 끝에 서서 하는 경우가 많을 것이다. 제한구역의 폭은 4.9미터로, 최적의 패스 거리다. 평소에도 거리를 의식하며 연습하자.

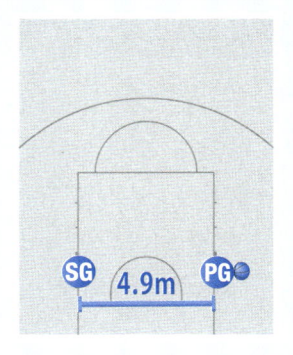

PART 4 볼을 움직이는 방법

아웃사이드에서 돌린다
아웃사이드에서 볼을 돌려 수비의 균열을 유도한다

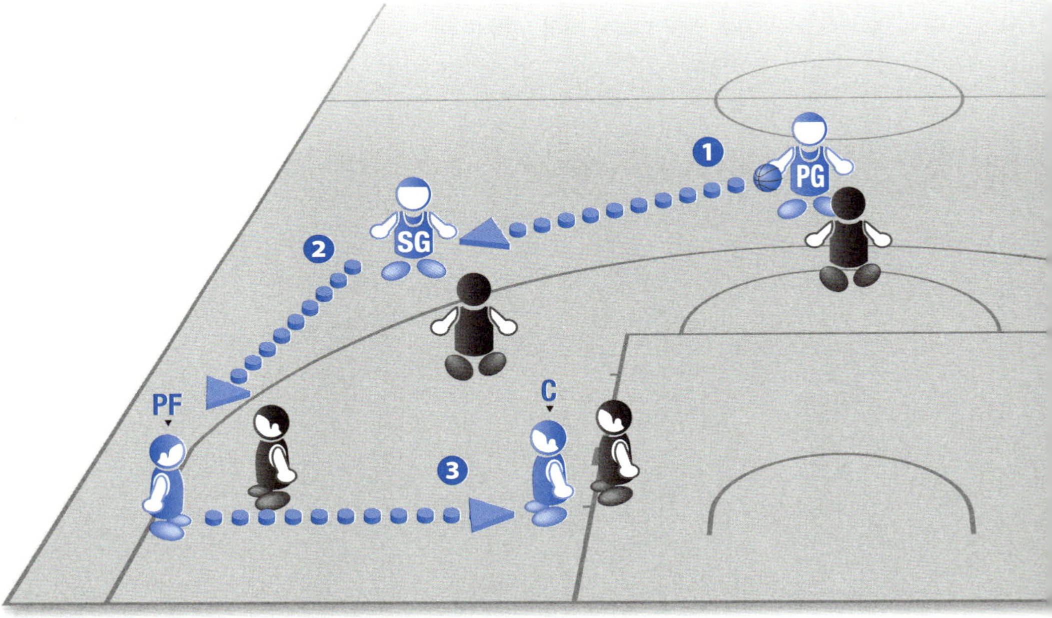

| 기술 가이드 | 돌파구를 모색하는 수단 |

공을 돌리는 목적은 수비의 균열을 만들어내기 위함이다. 대인 방어든 지역 방어든 수비수는 공의 위치에 따라 몸의 방향을 바꾼다. 공을 보지 않고 눈앞의 선수에게 밀착하는 일은 드물다. 그러므로 공을 좌우로 빠르게 돌릴수록 수비는 공과 선수 양쪽을 커버하기가 어려워지기 때문에 수비에 균열이 발생하는 것이다. 그 균열을 빠르게 감지해 파고들 수 있다면 효과적인 공격을 전개할 수 있다.

| 이럴 때 사용한다 | 공격할 방법이 없을 때 |

통상적으로 공격할 때는 물론이고 공격이 정체되고 있는 때일수록 아웃사이드에서 공을 돌리자. 공을 움직이지 않으면 공격의 실마리를 찾을 수 없다.

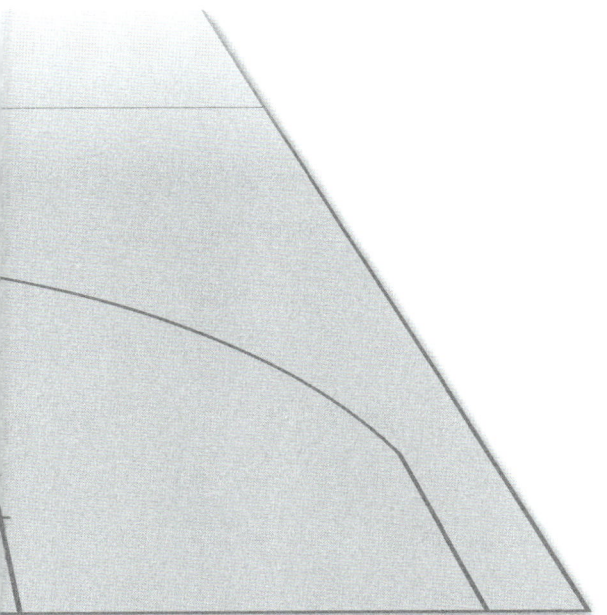

각 포지션의 움직임

① 톱에 있는 PG가 SG에게 패스한다.
② SG가 재빨리 PF에게 패스한다.
③ 마크에 빈틈이 생긴 C에게 패스한다.

선수의 움직임 →
볼의 움직임 ┈┈▶
드리블의 움직임 ∿∿▶
스크린의 움직임 ━━┫

밀착 어드바이스

원터치 패스로 타이밍에 변화를 준다

수비의 균열을 만들어내는 수단으로 패스의 타이밍을 의식해 보자. 계속 일정한 리듬으로 공을 돌리지 말고 이때다 싶은 순간에 원터치로 재빨리 돌리면 수비의 체크가 늦어져 노 마크 상태를 만들기 용이해진다. 위의 그림을 예로 들면, 톱에서 SG, PF로 패스할 때는 통상적인 리듬으로 돌리다가 패스를 받은 PF가 갑자기 원터치로 패스하면 C의 수비수가 체크에 들어가기 전에 C가 패스를 받을 확률이 높아진다.

PART 4 볼을 움직이는 방법

하이포스트에 볼을 투입한다

하이포스트에 볼을 투입함으로써 수비의 위치를 낮춘다

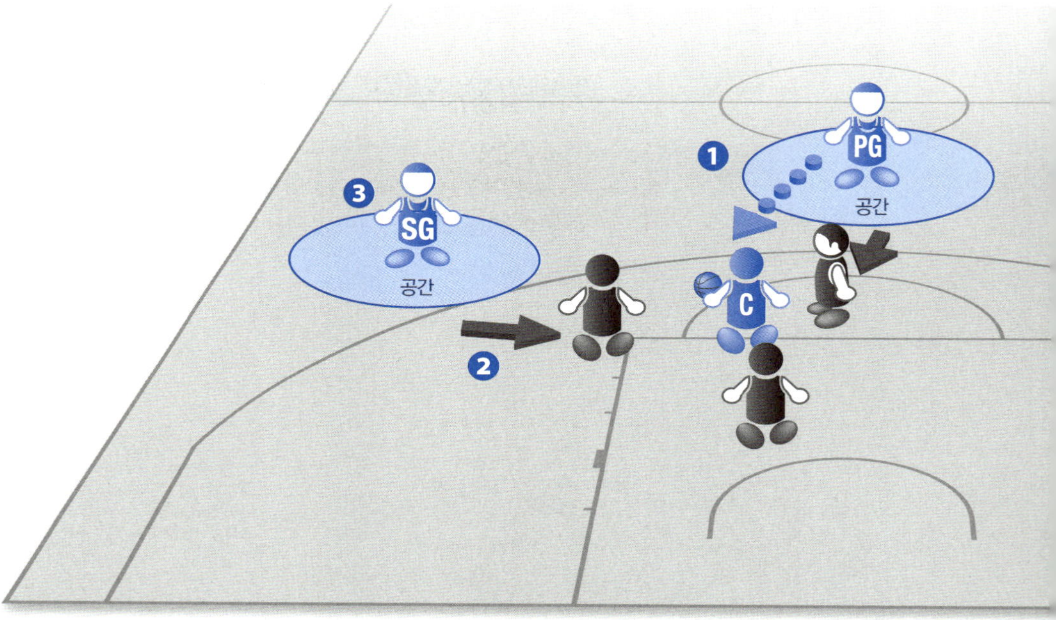

기술 가이드　　**수비를 인사이드로 끌어들인다**

하이포스트에 포지셔닝한 C에게 공을 투입함으로써 아웃사이드에 붙어 있는 수비의 방향을 바꿀 수 있다. 이것이 하이포스트에 공을 투입할 때의 가장 큰 이점이다. 아웃사이드의 수비수는 하이포스트에 있는 공을 시야에 두면서 마크를 하기 때문에 당연히 마크 대상을 정면으로 마주하지 못하고 포지셔닝도 약간 인사이드로 몰리게 된다. 이런 상황을 만들 수 있다면 다시 아웃사이드에서 공을 받았을 때 유리하게 공격을 전개할 수 있다.

| 이럴 때 사용한다 | **아웃사이드의 압박이 심할 때** |

아웃사이드에 대한 압박이 심하면 공을 돌리기도 쉽지 않아진다. 그럴 때는 일단 하이포스트에 공을 패스해 수비를 인사이드로 끌어들이자.

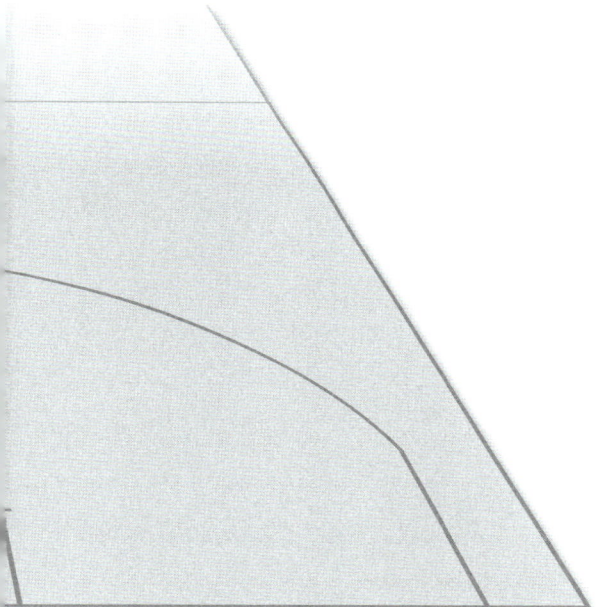

각 포지션의 움직임

❶ PG가 하이포스트의 C에게 패스한다.
❷ 수비가 인사이드로 몰린다.
❸ 아웃사이드의 PG나 SG에게 공간이 생긴다.

선수의 움직임
볼의 움직임
드리블의 움직임
스크린의 움직임

| 밀착 어드바이스 |

하이포스트는 둘러싸일 위험성도 있으니 주의하자

하이포스트는 자신의 마크 이외에 아웃사이드의 수비수에게도 체크를 당하기 때문에 여기에서 공을 받은 C가 그대로 공격을 시도하는 것은 리스크가 높다. 수비에게 둘러싸이기 전에 재빨리 공을 처리할 수 있도록 하자.

PART 4 볼을 움직이는 방법

로포스트에 볼을 투입한다
골대와 가장 가까운 로포스트로의 볼 투입은 득점 기회로 이어진다

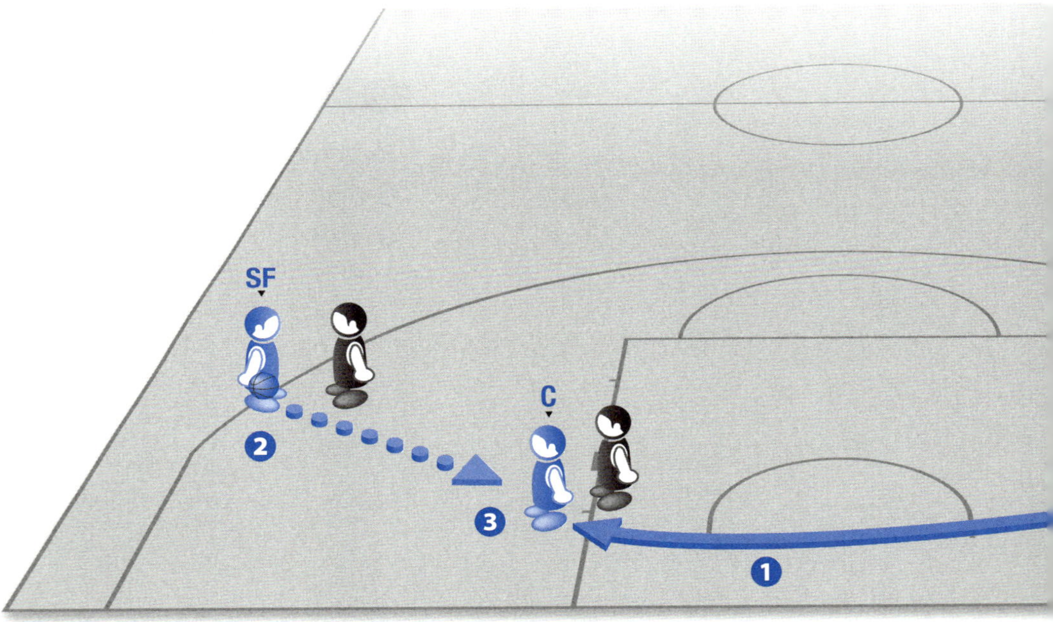

기술 가이드 | **슛으로 직결되는 패스**

로포스트란 골밑 부근을 가리킨다. 이곳을 지배하는 것이 승리에 가까워지는 길임은 두말할 필요도 없다. 하이포스트가 공격의 '시작점'이라면 로포스트는 공격의 '종점'이다. 요컨대 마무리다. 골밑에서 공을 받을 수 있다면 먼저 일대일을 시도해 보자. 설령 일대일이 어려운 경우라도 수비가 전체적으로 인사이드에 몰리므로 아웃사이드 플레이어에게 패스해 슛 기회를 만들 수도 있다.

| 이럴 때 사용한다 | 높이에서 우위라면 정석 플레이 |

상대 팀의 그 누구보다 더 크고 강한 선수가 있다면 그 선수를 로포스트에 자리 잡게 하고 골밑에서 공격하는 것이 가장 효율적인 공격 전술이 된다.

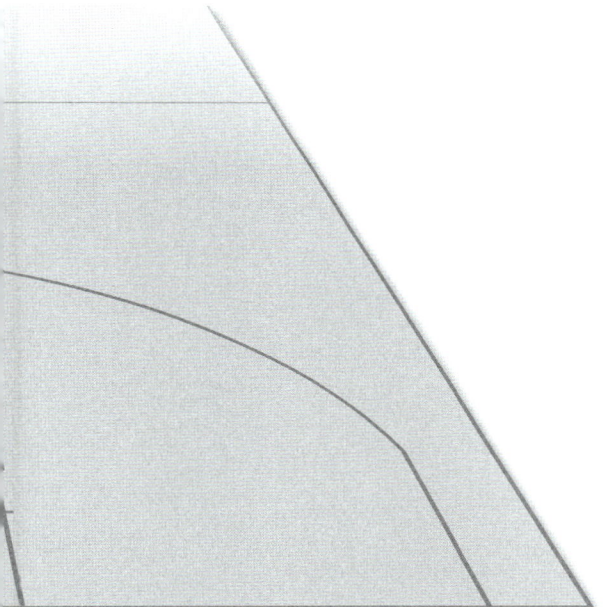

각 포지션의 움직임

① C는 로포스트에서 포스트 업을 한다.
② SF가 C에게 패스한다.
③ C는 일단 일대일을 시도하지만, 무리라면 아웃사이드로 패스한다.

선수의 움직임
볼의 움직임
드리블의 움직임
스크린의 움직임

밀착 어드바이스

로포스트에서의 패스는 슛 성공률이 높다

아웃사이드 플레이어끼리 패스를 돌리면 공을 옆에서 받게 되지만 로포스트에서 패스 아웃을 할 경우는 공을 몸의 정면에서 받을 수 있기 때문에 슛을 하기가 용이해 성공률이 높아진다.

PART 4 볼을 움직이는 방법

하이포스트에서 패스 아웃

아웃사이드의 수비를 인사이드로 끌어들여 수비의 균열을 만든다

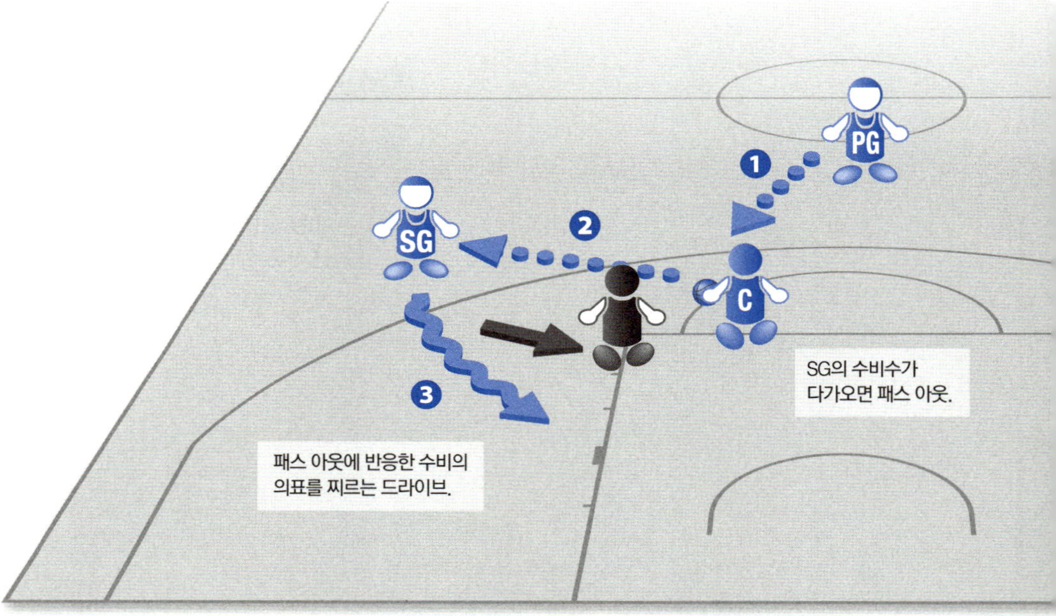

SG의 수비수가 다가오면 패스 아웃.

패스 아웃에 반응한 수비의 의표를 찌르는 드라이브.

기술 가이드 　　드라이브의 계기를 만든다

하이포스트에서의 패스 아웃과 로포스트에서의 패스 아웃은 의미가 다르다. 여기에서는 하이포스트에서의 패스 아웃을 설명한다. 첫 번째 노림수는 아웃사이드 플레이어가 드라이브를 시도할 계기를 만드는 것이다. 일단 하이포스트에 공을 투입하면 아웃사이드 플레이어의 수비수를 인사이드로 끌어들일 수 있다. 그런 다음 패스 아웃을 하면 수비수는 아웃사이드 플레이어 쪽으로 돌아간다. 그 순간을 파고들어 기습적으로 드라이브를 한다.

| 이럴 때 사용한다 | 아웃사이드에서 공격을 시도하고 싶을 때 |

일단 하이포스트에 공을 투입해서 수비를 움직이게 만들어 놓으면 아웃사이드에서의 드라이브 성공률도 높아진다.

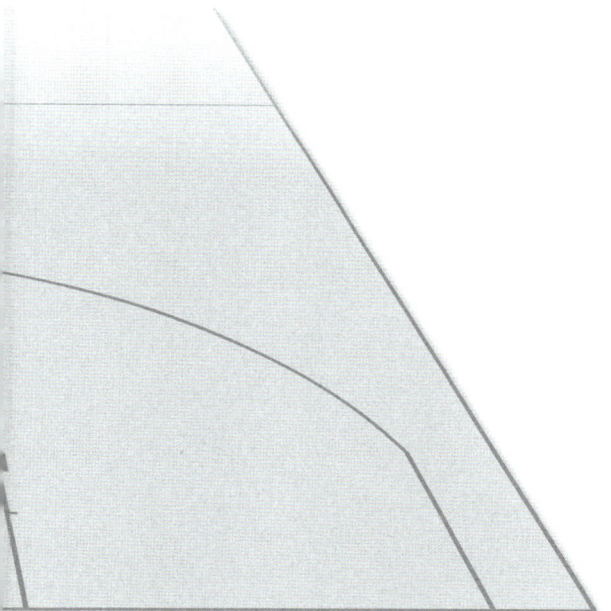

각 포지션의 움직임

1. C는 하이포스트에서 공을 받는다.
2. 압박이 약해진 SG에게 패스한다.
3. SG는 기습적으로 드라이브한다.

```
선수의 움직임    ──────▶
볼의 움직임      ••••••▶
드리블의 움직임   ～～～▶
스크린의 움직임   ━━━━┫
```

밀착 어드바이스

**드라이브로 공격을 시도할 때는
순간적으로 공간을 찾아낸다**

아웃사이드에서 드라이브 인을 할 때는 하이포스트에 있는 수비수가 헬프를 오기 때문에 패스라는 선택지도 생긴다. 드라이브 인을 한 순간, 공간을 판단해 슛을 할지 패스를 할지 최선의 선택을 하자.

PART 4 볼을 움직이는 방법

로포스트에서 패스 아웃

아웃사이드 플레이어가 노 마크로 슛을 쏠 수 있는 상황을 만든다

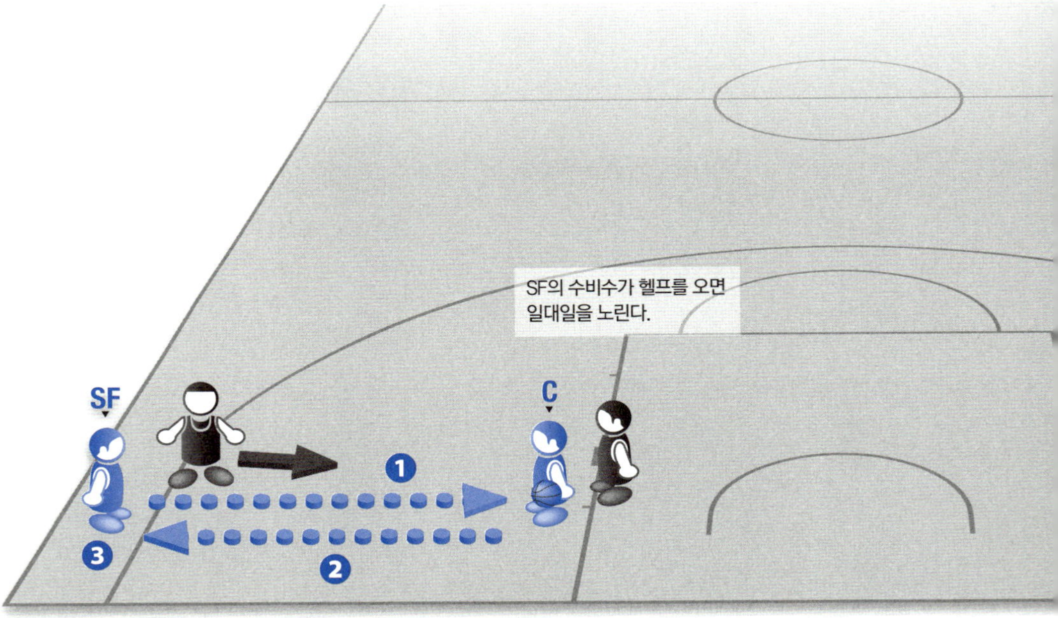

SF의 수비수가 헬프를 오면
일대일을 노린다.

기술 가이드   슛을 쏠 수 있게 하는 패스

로포스트에서의 패스 아웃은 아웃사이드 플레이어가 슛을 쏠 수 있도록 하는 것이 목적이 된다. 하이포스트에 비해 볼 라인이 낮아지므로 수비수는 더욱 인사이드를 커버할 필요성이 생긴다. 그렇기 때문에 아웃사이드 플레이어는 노 마크로 공을 받을 수 있다. 주의할 점은 골밑에 공간이 없으므로 로포스트에서의 패스를 받아 드라이브 인을 하지는 않는 것이다. 또 패스 코스를 항상 의식해 로포스트를 고립시키지 않는 것도 중요하다.

| 이럴 때 사용한다 | **남은 시간이 얼마 없을 때** |

로포스트에서의 공격은 남은 시간이 얼마 없을 때의 정석 플레이다. 골밑에서의 슛이 무리일지라도 패스 아웃을 하면 아웃사이드에서 슛을 노릴 수 있다.

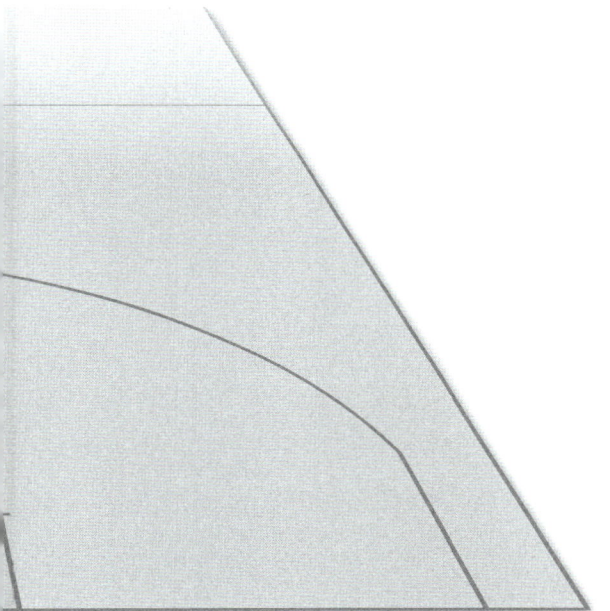

각 포지션의 움직임

1. SF가 로포스트의 C에게 패스한다.
2. C는 SF에게 패스 아웃한다.
3. SF는 3점 슛을 노린다.

- 선수의 움직임 →
- 볼의 움직임 ┄┄→
- 드리블의 움직임 〰→
- 스크린의 움직임 ⇥

밀착 어드바이스

로포스트를 고립시키지 않을 것

하이포스트에서의 패스는 360도에서 가능하지만 로포스트에서는 상대를 등지고 있기 때문에 패스의 각도가 제한된다. 그러므로 리시버는 로포스트가 고립되지 않도록 패스를 받을 수 있는 위치로 움직이자.

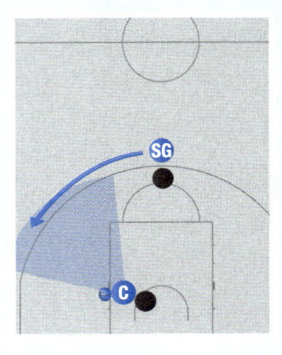

PART 4 볼을 움직이는 방법

한 명을 건너뛰고 패스①

차단당할 위험성도 있지만 수비 진형을 무너트릴 수 있는 위력적인 패스

1 수비는 2-3 지역 방어

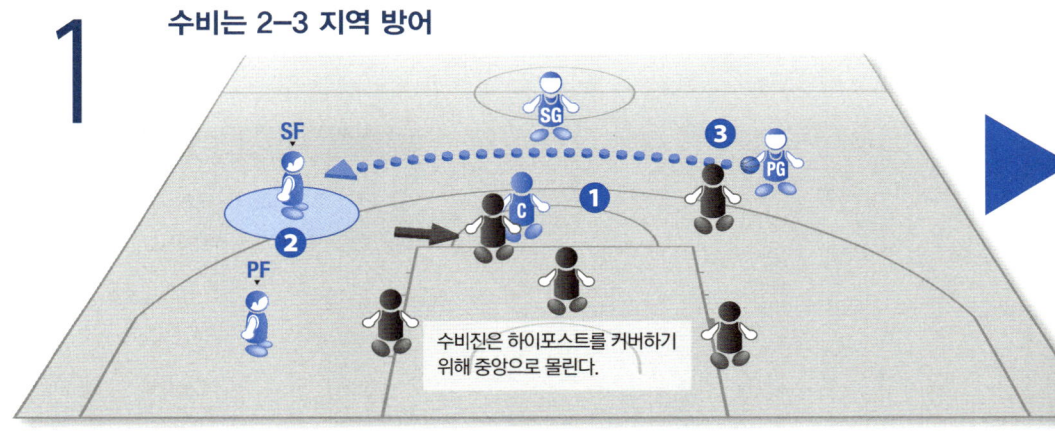

수비진은 하이포스트를 커버하기 위해 중앙으로 몰린다.

각 포지션의 움직임

❶ 하이포스트에서 C가 포스트 업을 한다.
❷ SF의 위치에 공간이 생긴다.
❸ PG는 SF에게 크게 횡 패스를 한다.

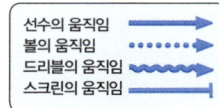

선수의 움직임
볼의 움직임
드리블의 움직임
스크린의 움직임

기술 가이드   수비를 움직이게 한다

농구에서는 코트를 좌우로 횡단하는 패스를 가장 위험하게 여긴다. 여기에서 소개하는 패스 역시 위험도가 상당히 높다. 그러나 작전이 통한다면 수비 진형을 무너트릴 수 있는 위력적인 패스가 된다. 2-3의 지역 방어에서 공격수가 하이포스트에 자리를 잡으면 전위가 수비를 하는데, 그러면 윙이 활짝 열린다. 이곳으로의 패스가 성공하면 후위를 앞으로 끌어들일 수 있는 것이다. 본래 가지 않는 위치로 수비를 유도하는 데 성공한다면 공격을 유리하게 전개할 수 있다.

| 이럴 때 사용한다 | 견고한 2-3 지역 방어일 때 |

한 명을 건너뛴 횡 패스로 2-3의 후위를 앞으로 끌어들이는 데 성공한다면 인사이드에서 미스매치가 발생할 가능성도 높다. 그 부분을 파고든다면 공격을 유리하게 전개할 수 있다.

④ SF의 드라이브 인에 대해 후위가 헬프를 하러 온다.
⑤ 자유로워진 코너의 PF에게 패스한다.

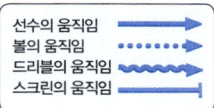

밀착 어드바이스

패스를 하기 전에 페인트를 넣는다

한 명을 건너뛰고 패스를 할 때는 패스 전에 드라이브를 하는 척 등의 페인트 동작을 넣어서 일순간이라도 수비의 발이 다른 방향을 향하게 하는 것이 중요하다. 이것이 성공하면 패스의 성공률이 월등히 높아진다.

PART 4 볼을 움직이는 방법

한 명을 건너뛰고 패스②
볼 라인을 내릴 수 있고 리스크도 적은 정석적인 패스

1 수비는 3-2 지역 방어

각 포지션의 움직임

❶ PG는 페이크를 한 번 넣고 SF에게 패스한다.
❷ PG는 컷 인해서 수비를 달고 간다.

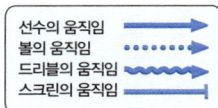

기술 가이드 | 다음 패스가 기회

앞 쪽과 달리 여기서의 패스는 위험도가 낮으므로 적극적으로 사용하기를 권한다. 설령 차단당하더라도 볼 라인이 낮기 때문에 속공으로 연결될 위험이 적다. 이 패스 하나로 수비를 무너트릴 수는 없지만, 성공하면 후위의 수비를 아웃사이드로 끌어낼 수 있으므로 그다음 패스에 슛 기회가 생긴다. 구체적으로는 PG가 컷 인해 하이포스트에 공간을 만들고 그곳에서 SG나 C가 패스를 받는 것이 정석이다.

| 이럴 때 사용한다 | **3-2의 지역 방어일 경우** |

톱에서 코너로 패스가 성공하면 볼 라인이 내려가서 후위의 수비수가 커버하게 된다. 그렇게 되면 인사이드가 비게 되어 다음 패스에 슛 기회가 생긴다.

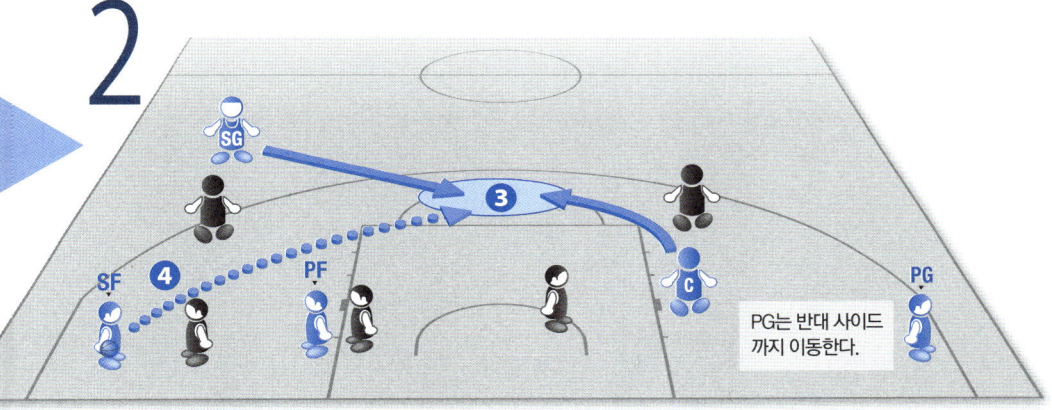

❸ 하이포스트에 공간이 생긴다.
❹ C나 SG가 그 빈 공간에서 패스를 받아 슛을 한다.

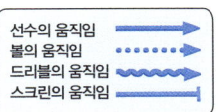

> 밀착 어드바이스

PG는 미끼로서 컷 인을 한다

코너로 한 명을 건너뛴 패스를 성공시켰다면 PG는 그대로 컷 인해 톱의 수비수를 달고 가자. 성공하면 하이포스트가 비므로 코너에서의 리턴 패스로 기회가 생긴다.

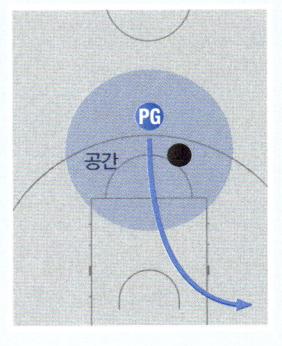

PART 4 볼을 움직이는 방법

빈 공간으로 패스

빈 공간으로 컷 인하는 선수에게 타이밍을 맞춰서 패스한다

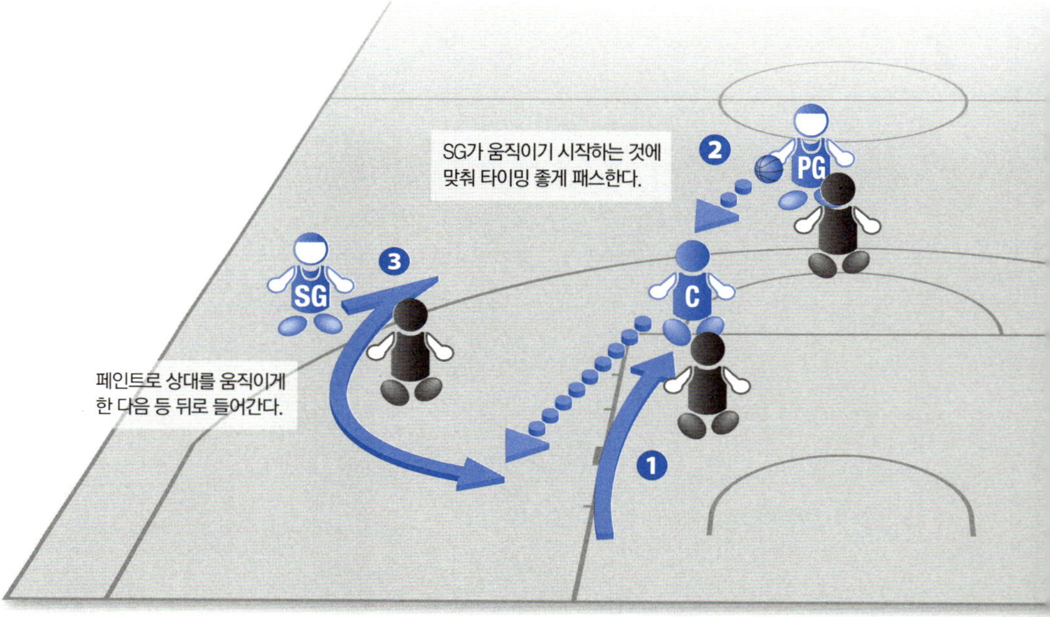

SG가 움직이기 시작하는 것에 맞춰 타이밍 좋게 패스한다.

페인트로 상대를 움직이게 한 다음 등 뒤로 들어간다.

기술 가이드   리시버의 타이밍에 맞춰서 패스한다

빈 공간에서 공을 받으면 슛 기회가 생긴다. 빈 공간은 우발적으로 생기는 것과 선수끼리 연동해서 의도적으로 만드는 것이 있는데, 어느 쪽이든 수비를 떼어내고 그 공간으로 드라이브 인을 한 선수가 발을 멈추지 않도록 정확한 타이밍으로 패스하는 것이 중요하다. 위의 그림은 공간을 의도적으로 만드는 백 도어라는 전술이다. C가 올라가서 공간을 만들면 SG가 그 공간으로 컷 인한다.

| 이럴 때 사용한다 | **압박이 심할 때** |

수비의 등 뒤를 노리는 플레이이므로 SG에 대한 압박이 심할수록 효과적인 전술이다. 반대로 상대가 거리를 두고 떨어져서 수비하면 페인트를 넣더라도 떼어내기가 어렵다.

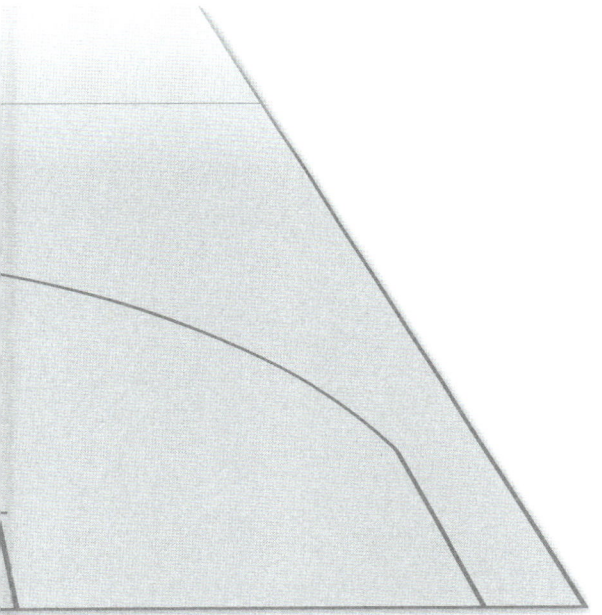

각 포지션의 움직임

① C가 하이포스트로 올라간다.
② PG는 C에게 패스한다.
③ SG는 빈 공간으로 컷 인한다.
④ SG는 C로부터 패스를 받아 슛을 한다.

- 선수의 움직임 →
- 볼의 움직임 ┄┄▶
- 드리블의 움직임 〰▶
- 스크린의 움직임 ━━┫

| 밀착 어드바이스 |

페인트를 넣고 컷 인한다

골밑에 공간이 생겼다고 해서 무턱대고 달려서는 수비를 떼어내지 못해 패스를 차단당하고 만다. 반드시 반대 방향으로 페인트를 넣어 수비의 자세를 무너트린 뒤에 빠르게 빈 공간으로 컷 인하자.

PART 4 볼을 움직이는 방법

전방을 향해 롱 패스

가장 빠르게 전방으로 볼을 운반하는 수단은 한 번의 롱 패스

각 포지션의 움직임

❶ PF가 패스를 차단해 공을 빼앗는다.
❷ 달리고 있는 SG에게 롱 패스를 한다.
❸ SG는 노 마크 상태에서 그대로 슛한다.

선수의 움직임 ▶
볼의 움직임 ┅┅▶
드리블의 움직임 ∼∼▶
스크린의 움직임 ▬▬▶

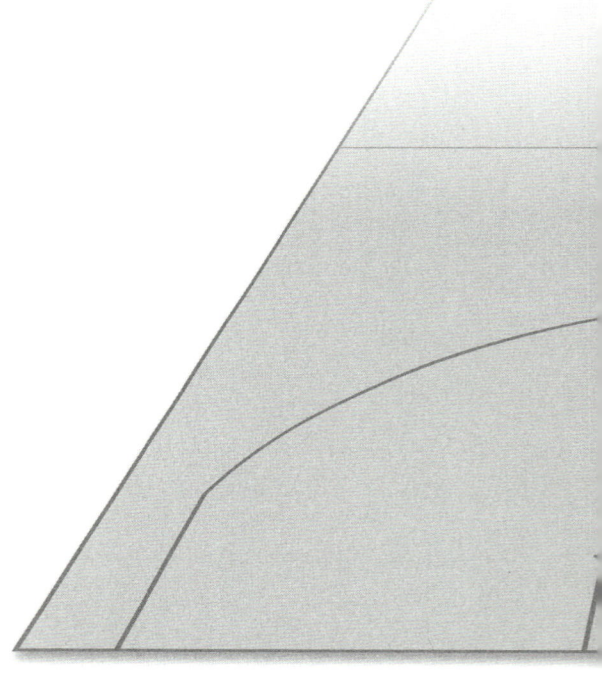

기술 가이드 — 속공을 할 때의 최우선 사항

수비 리바운드 후나 패스 차단 후에 속공을 성공시키는 수단 중 하나가 롱 패스다. 코트 위에 있는 공을 가장 빠르게 이동시킬 수 있는 방법은 드리블이나 쇼트 패스의 연결이 아니라 한 번의 롱 패스다. 물론 드리블이나 쇼트 패스를 통한 속공도 효과적이지만, 동료가 전방에서 노 마크 상대로 있을 경우에는 롱 패스를 최우선으로 선택한다. 패스를 받으면 바로 드리블을 하는 사람이 많은데, 공을 앞으로 운반하는 가장 빠른 방법은 패스임을 기억해 두자.

| 이럴 때 사용한다 | **전방에 노 마크 상태의 동료가 있을 때** |

속공을 할 때의 우선순위는 전방에 노 마크 상태의 동료가 있다면 롱 패스, 전방에 동료가 없거나 패스가 어려울 때는 쇼트 패스, 그것도 여의치 않으면 드리블이다.

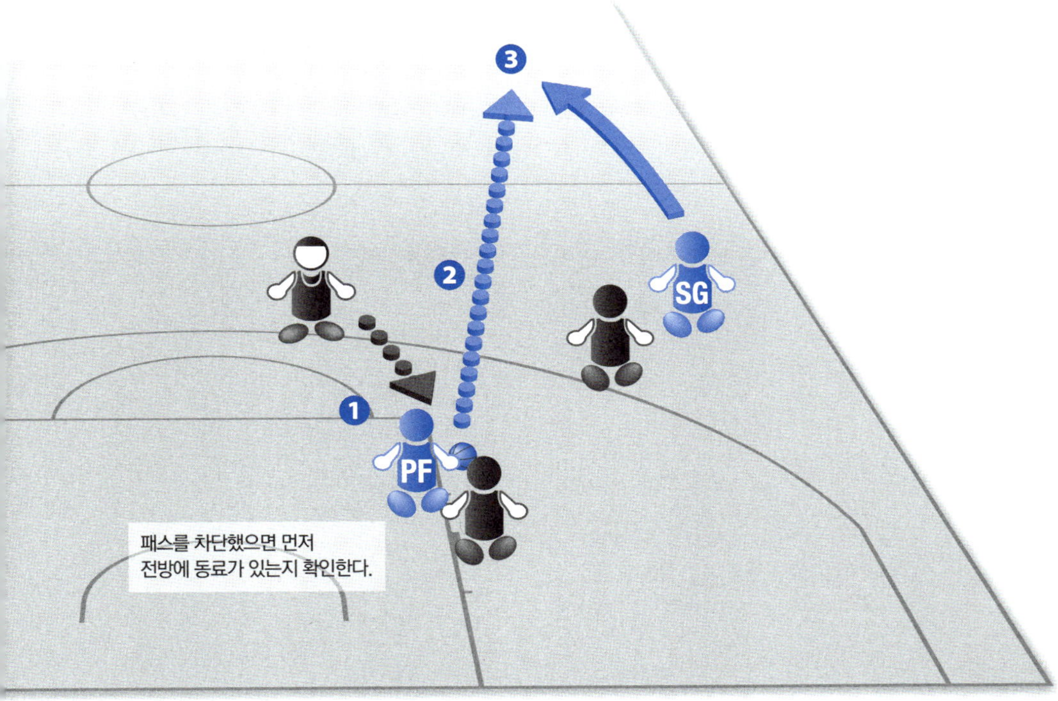

패스를 차단했으면 먼저 전방에 동료가 있는지 확인한다.

밀착 어드바이스

공을 빼앗았다면 반드시 앞을 향한다

공을 잡은 선수는 반드시 고개를 들어 앞서 달리고 있는 동료가 있는지 확인한다. 시선이 아래나 후방을 향하고 있으면 앞서 달리고 있는 동료를 발견하지 못해 속공 기회를 놓치게 된다.

농구 용어 다시보기

어웨이 스크린 Away screen
볼 맨과 떨어진 사이드에 위치한 동료를 위한 스크린. 코트의 톱에서 윙에 패스한 후 반대편 윙의 선수 쪽으로 달려가 스크린을 건다.

위크 사이드 Weak side
골대를 중심에 두고 코트를 세로로 2등분했을 때 공이 없는 쪽을 가리킨다. 반대 사이드라고 부르기도 한다.

엔드 라인 End line
골대 후방에 그려진 코트의 세로 폭을 구획 짓는 라인. 베이스 라인이라고도 한다.

윙 Wing
3점 슛 라인과 자유투 라인의 연장선이 교차하는 부근 또는 이 부근에 위치한 플레이어를 가리킨다. 골대와의 각도가 약 45도이기 때문에 '45도'라고도 부른다.

오버타임 Overtime
일반적으로 연장전을 가리키지만, 24초나 3초 룰 등의 제한 시간을 넘겨 반칙이 되는 것을 가리키는 경우도 있다.

이지 슛 Easy shoot
쉽게 득점할 수 있는 유리한 상황에서 슛을 던지는 것. 이 상황을 만들어낼 수 있다면 그 공격은 성공했다고 할 수 있다.

오프 더 볼 Off the ball
자신 또는 마크하고 있는 플레이어가 공을 가지고 있지 않은 상태. 공을 가진 상태는 온 더 볼(On the ball)이라고 한다.

인사이드 Inside
골대와 가까운 제한구역 부근의 지역. PF나 C 등 그 지역을 중심으로 움직이는 플레이어를 가리키기도 한다.

PART 5
오프 더 볼에서의 움직임

'오프 더 볼' 상태 즉 공이 없는 상황에서 플레이어의 움직임은 어 떠해야 하는지 살펴본다. 공격을 할 때 대부분의 선수는 오프 더 볼 상태에서 움직이게 되므로 이를 잘 이해해 두면 플레이의 수준이 크게 향상된다. 두 수, 세 수 앞까지 예측할 수 있는 선수가 되자.

PART 5 오프 더 볼에서의 움직임

기본 개념과 기초 지식
오프 더 볼에서의 움직임을 이해해 보자

오프 더 볼에서의 플레이를 이해하기 위한 세 가지 요소

오프 더 볼에서의 플레이는 말 그대로 공이 없는 상황에서의 움직임을 의미한다. 플로어 밸런스를 유지하고 노 마크 상태의 플레이어를 만드는 등, 득점으로 직결되는 일은 적지만 공격을 성공시키기 위해 반드시 필요한 움직임이다.

1 플로어 밸런스를 유지한다
플로어 밸런스란 동료 선수 간 거리의 균형이다. 보통 4~6미터가 패스를 연결하기 가장 용이한 거리로 알려져 있으며, 이 거리를 유지하는 것이 움직일 때의 원칙이 된다.

2 수비의 균열을 만든다
스크린 등을 이용해 수비 로테이션을 무너트리는 것이 중요하다. 미스매치나 노 마크 상태의 동료가 생기면 그곳을 기점으로 공격을 유리하게 전개할 수 있다.

3 타이밍을 맞춘다
거리를 유지하거나 수비의 균열을 만들어냈더라도 동료 선수가 연동해서 움직이지 않으면 그 플레이는 의미를 잃는다. 전원이 이미지를 공유하며 타이밍을 맞춰 플레이하자.

오프 더 볼에서의 움직임에는 이런 플레이가 있다!

24초라는 한정된 시간 속에서 한 선수가 공을 가지고 있는 시간은 몇 초에 불과하다. 나머지 시간은 공을 가지지 않은 채로 움직이게 된다. 그러나 그 움직임이 있기에 팀의 공격이 기능한다.

패스 후의 움직임

패스를 한 뒤에 바로 움직이는 것은 수비의 균열을 만들거나 패스의 템포를 유지한다는 의미에서도 중요한 움직임이다.

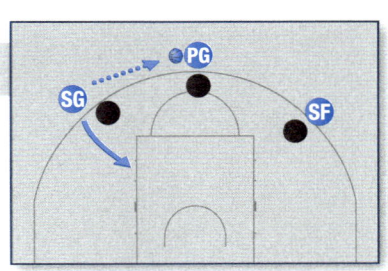

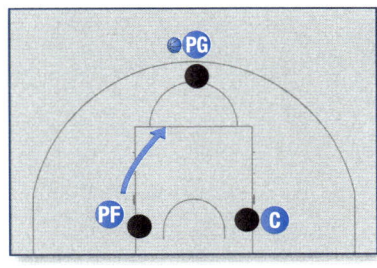

포스트 업의 움직임

공격의 기점 또는 슛 기회를 만드는 포스트 업도 어떻게 들어가느냐가 중요하다. 움직이는 타이밍이나 하이와 로의 균형을 함께 생각하며 움직이자.

스크린을 위한 움직임

볼 맨을 위한 온 더 볼 스크린과 볼이 없는 곳에서 사용하는 오프 더 볼 스크린이 있는데, 양쪽 모두 수비의 균열을 만들기 위해 없어서는 안 될 움직임이다.

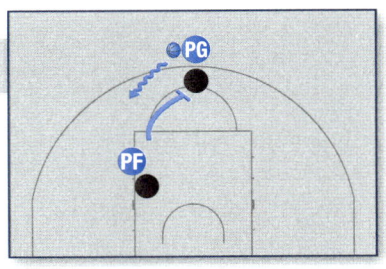

PART 5 오프 더 볼에서의 움직임

동료와 연동해서 움직인다①

볼 사이드로 슬라이드해 패스 코스를 만든다

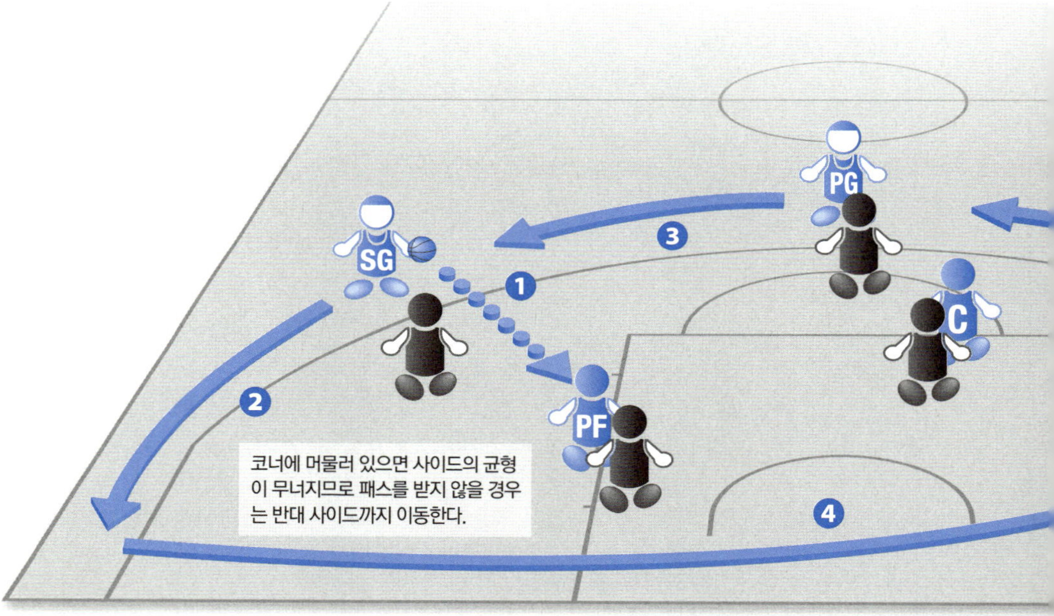

※ 코너에 머물러 있으면 사이드의 균형이 무너지므로 패스를 받지 않을 경우는 반대 사이드까지 이동한다.

기술 가이드 — 항상 동료의 움직임을 파악한다

오프 더 볼 상태에서의 움직임은 동료와의 거리를 일정하게 유지해 플로어 밸런스가 무너지지 않게 하는 것이 기본 원칙이다. ①~②에서 윙의 SG가 로포스트에 패스한 뒤 수비를 움직이게 하기 위해 코너로 이동했는데, 이 상태에서는 동료와의 거리가 유지되지 않는다. 이때 PG, SF도 동시에 볼 사이드로 이동해 거리의 균형을 맞춰 복수의 패스 코스를 만들어내야 한다. 자신의 포지셔닝뿐만 아니라 동료와의 위치 관계를 항상 파악해 두는 것이 중요하다.

| 이럴 때 사용한다 | **아웃사이드가 3명일 때** |

3아웃의 진형에서는 아웃사이드의 인원수가 상대적으로 적다. 그러므로 템포 좋게 공을 돌리려면 간결한 슬라이드로 재빨리 포지션 체인지를 하는 것이 효과적이다.

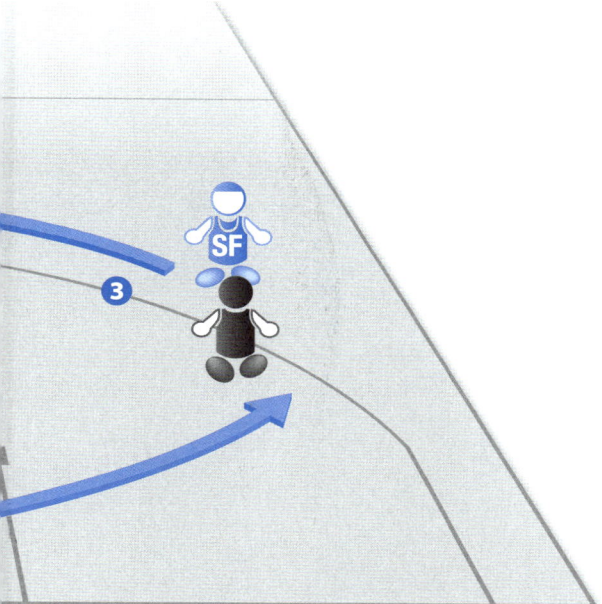

각 포지션의 움직임

① 윙의 SG가 로포스트의 PF에게 패스한다.
② SG는 그대로 코너까지 내려간다.
③ PG, SF는 SG와 연동해 슬라이드한다.
④ SG는 반대 사이드로 이동한다.

- 선수의 움직임 →
- 볼의 움직임 ┄┄┄►
- 드리블의 움직임 〰〰►
- 스크린의 움직임 ━━┥

밀착 어드바이스

로포스트의 드리블이 슬라이드의 신호

슬라이드는 수비수의 주의를 끌어서 인사이드로 헬프를 가기 어렵게 만드는 효과도 있다. 그러므로 로포스트가 드리블을 시작해 일대일을 시작한 뒤에 슬라이드하는 것이 수비의 대응을 어렵게 만들 수 있다.

PART 5 오프 더 볼에서의 움직임

동료와 연동해서 움직인다②
긴 컷과 연동해 슬라이드함으로써 수비를 움직인다

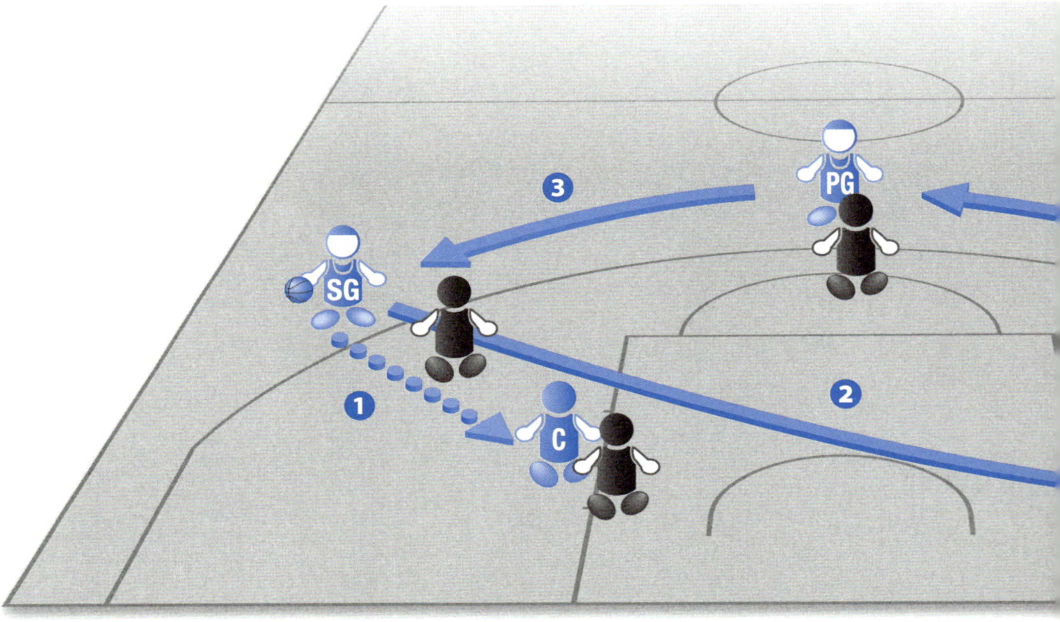

기술 가이드   공간을 비워서 공간을 채운다

앞 쪽과 같은 슬라이드만으로는 수비를 무너트리기 어렵다. 단순히 슬라이드하는 것이 아니라 컷 플레이 등을 섞어서 수비가 크게 움직이도록 만드는 것이 중요하다. 그림과 같이 윙의 SG가 로포스트에 공을 투입했을 경우, 일단 반대 사이드의 코너까지 이동하고 그에 맞춰서 전체가 슬라이드해 보자. 수비수는 움직임이 많아지기 때문에 인사이드로 더블팀이 가기 어려울 뿐만 아니라 패스 아웃이나 연계 플레이에의 대응도 어려워진다.

| 이럴 때 사용한다 | **아웃사이드에 4명이 있을 때** |

아웃사이드에 4명이 있을 경우, 길게 컷을 하더라도 패스 돌리기의 템포를 유지하기 용이하다. 또 인사이드에 공간이 있기 때문에 컷 플레이도 더욱 효과적이 된다. 포스트로 패스했으면 반대 사이드까지 컷을 해 수비를 움직이게 하는 것이 정석이다.

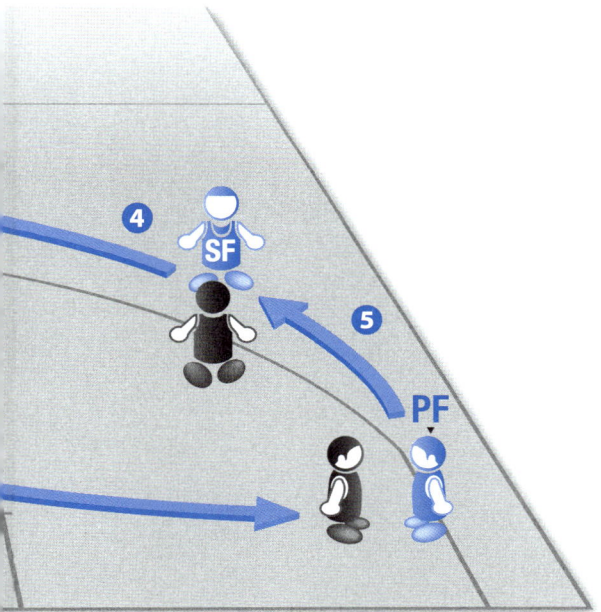

각 포지션의 움직임

① 윙의 SG가 C에게 패스한다.
② SG는 반대 사이드의 코너까지 컷을 한다.
③ 톱의 PG가 SG의 공간을 메운다.
④⑤ 마찬가지로 SF와 PF가 각각 슬라이드한다.

- 선수의 움직임
- 볼의 움직임
- 드리블의 움직임
- 스크린의 움직임

> **밀착 어드바이스**
>
> #### 패스 코스를 의식한 포지셔닝
>
> 슬라이드해서 패스 아웃을 기다릴 때는 패스 코스를 확실히 확보해 두자. 자신과 패서를 연결하는 선 사이에 수비수가 있으면 패스 아웃을 할 수 없으니 주의해야 한다.

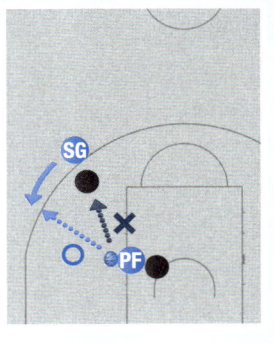

PART 5 오프 더 볼에서의 움직임

패스한 직후 움직인다 ①

패스한 후 곧바로 움직이기 시작하는 패스 앤드 런

1

최초의 런은 골밑 방향으로 달려드는 것이 기본.

각 포지션의 움직임

❶ SG는 톱의 PG에게 패스한다.
❷ SG는 패스와 동시에 수비수의 뒤편으로 달린다.

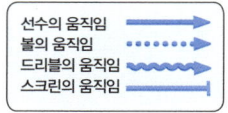
선수의 움직임
볼의 움직임
드리블의 움직임
스크린의 움직임

기술 가이드 **컷 플레이로 연결하는 포석**

패스를 하면 수비는 아무래도 공의 행방을 쫓기 마련이다. 패스 앤드 런은 이 틈을 이용하는 기본적인 움직임 중 하나다. 패스를 위해 스텝을 내딛는 동시에 움직이기 시작하므로 기선을 잡을 수 있으며, 성공하면 리턴 패스를 받아 슛으로 연결할 수도 있다. 다만 이 플레이만으로 상대를 떼어내기는 쉽지 않다. 패스 앤드 런 이후 I컷이나 V컷 등의 컷 플레이를 구사해 패스를 받는 것이 원칙이라고 할 수 있다.

| 이럴 때 사용한다 | **아웃사이드 플레이어라면 필수** |

패스를 한 뒤에 멈춰 있으면 팀 전체의 움직임도 정체된다. 특히 아웃사이드 플레이어는 풋워크로 상대를 제치는 것이 기본이므로 패스 앤드 런은 필수 플레이라고 할 수 있다.

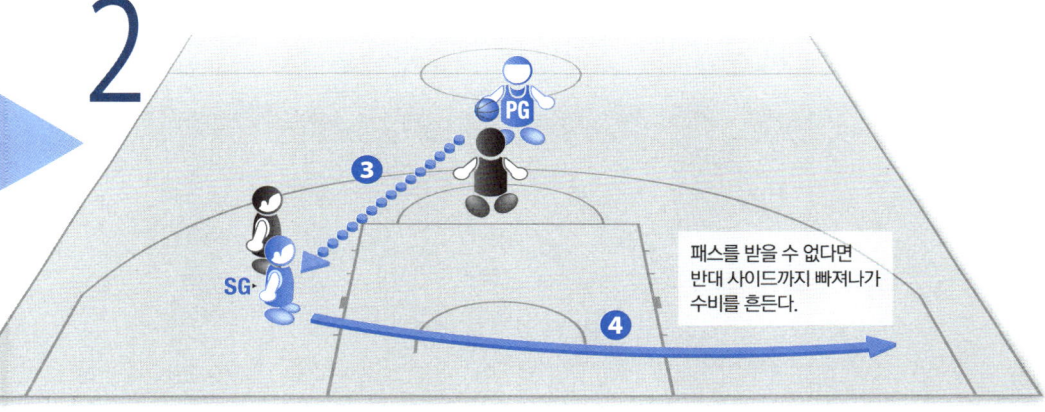

❸ PG는 패스가 가능하다면 SG에게 패스한다.
❹ SG는 공을 받았으면 슛, 받지 않았으면 반대 사이드까지 이동한다.

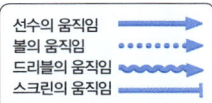

| 밀착 어드바이스 |

볼 사이드를 차지하면 그대로 득점으로 연결된다

볼 쪽으로 컷할 수 있다면 리턴 패스 한 번에 손쉽게 슛 기회를 만들 수 있다. 그래서 상대도 이를 경계해 패스 쪽으로 한 발 이동해 코스를 주지 않는 것이 기본이다. 만약 이를 소홀히 하고 있는 것 같다면 그 빈 틈을 파고들기만 해도 공격의 주도권을 잡을 수 있을 것이다.

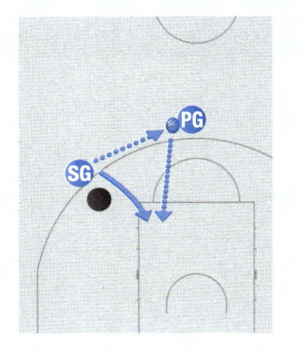

PART 5 오프 더 볼에서의 움직임

패스한 직후 움직인다②

반대 사이드의 동료를 위해 스크린을 거는 어웨이 스크린으로 국면을 타개한다

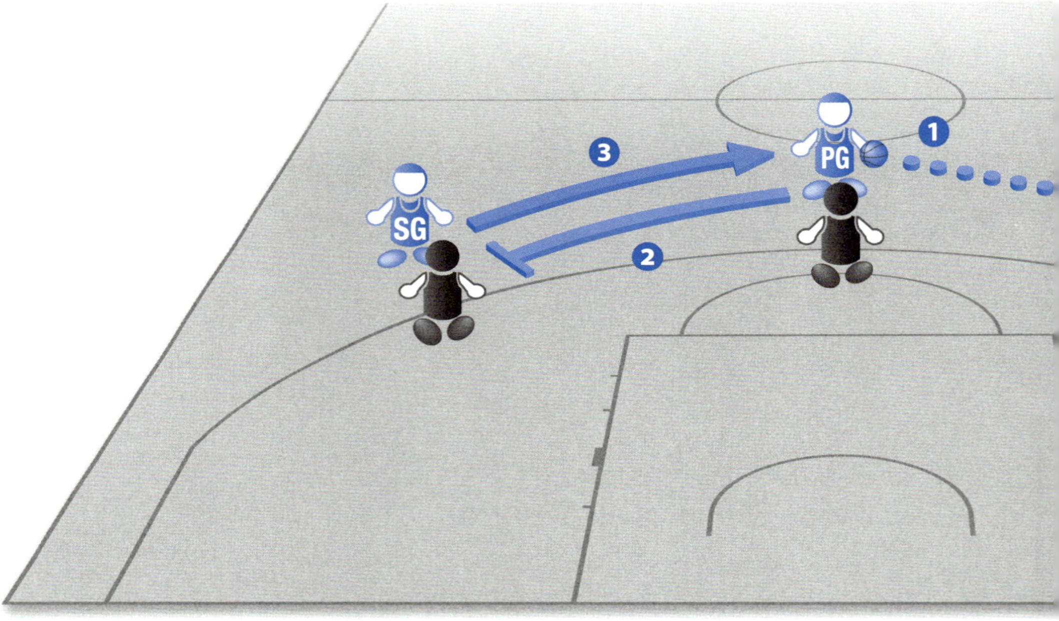

기술 가이드 **공격의 계기를 만든다**

움직임이 없는 상태에서는 아무리 아웃사이드에서 패스를 돌려도 공격이 정체되고 만다. 그래서 마지못해 일대일을 감행했다가 공을 빼앗긴 경험을 한 독자도 많을 것이다. 이런 상황에서는 패스한 뒤에 반대 사이드의 동료를 위해 스크린을 거는 어웨이 스크린이 효과적이다. 이것만으로 기회를 만들기는 어렵지만, 수비의 균열을 만들거나 동료의 컷 코스를 만들어 공격의 발판을 마련할 수 있다.

| 이럴 때 사용한다 | **동료의 움직임이 멈춰 있을 때** |

동료 선수의 움직임이 멈춘 상태에서는 슛이나 컷 플레이를 노려도 성공할 확률이 낮아진다. 먼저 어웨이 스크린으로 동료 선수가 움직일 수 있게 만듦으로써 공격 전개를 의식하는 것이 좋다.

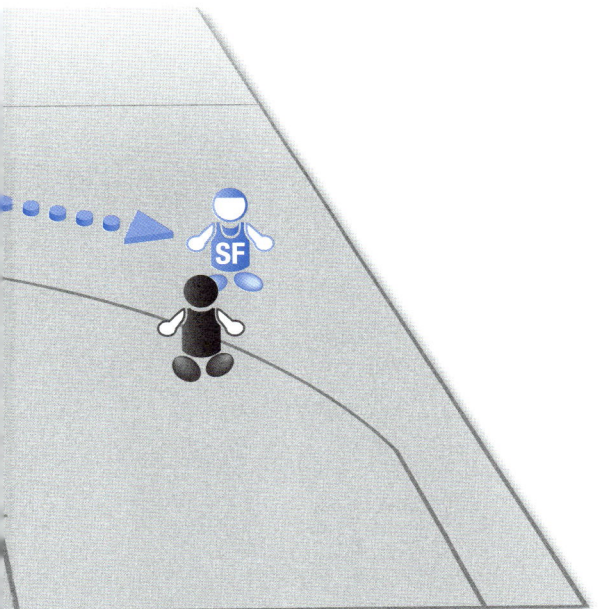

각 포지션의 움직임

① PG는 윙의 SF에게 패스한다.

② 반대 사이드의 SG 쪽으로 가서 스크린을 건다.

③ SG는 비어 있는 톱의 공간으로 올라간다.

| 선수의 움직임 ――→ |
| 볼의 움직임 ┄┄┄▶ |
| 드리블의 움직임 〰〰▶ |
| 스크린의 움직임 ――┤ |

밀착 어드바이스

깊은 위치까지 컷하는 플레이도 효과적

톱에서 골밑 부근의 깊은 위치까지 컷했다가 윙 부근으로 올라가는 플레이도 움직임을 만드는 방법으로 추천한다. 움직임이 큰 만큼 수비의 균열을 만들어내기도 용이하다. 윙의 선수는 톱까지 슬라이드하자.

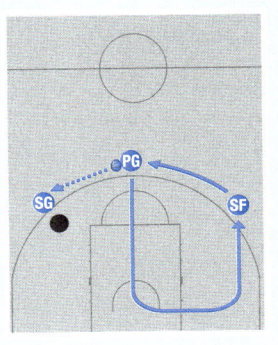

PART 5 오프 더 볼에서의 움직임

패스한 직후 움직인다 ③

패스한 뒤에 볼 맨을 위해 스크린을 건다

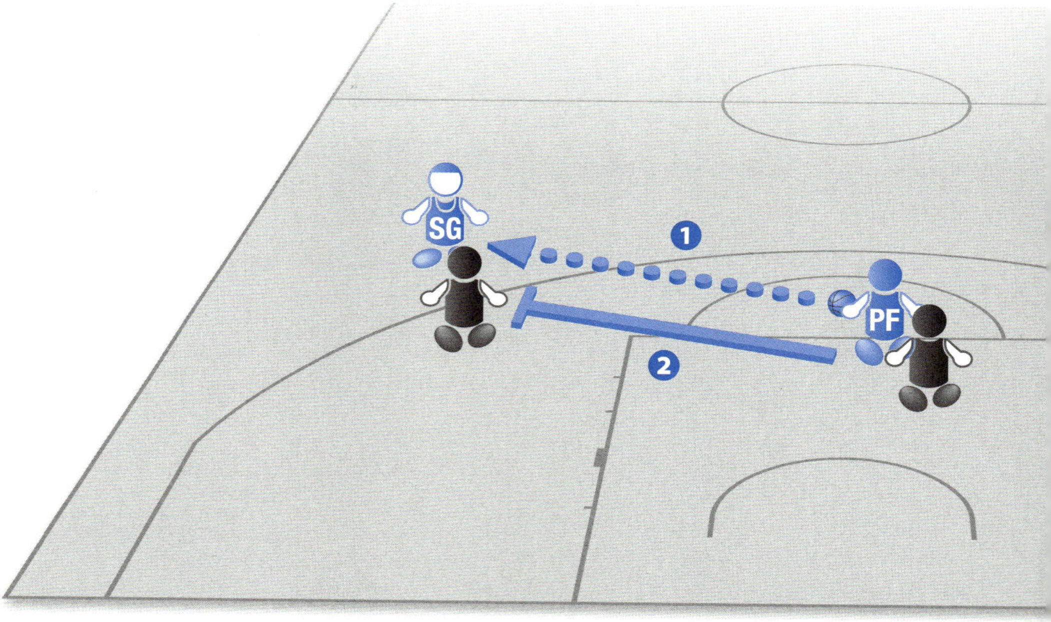

| 기술 가이드 | 패스 아웃과 동시에 스크린을 건다 |

인사이드 플레이어의 경우, 패스를 한 뒤에 볼 맨을 위해 스크린을 걸어 주는 플레이도 하나의 선택지가 된다. 특히 빈번하게 실시되는 것이 하이포스트 부근에서의 스크린으로, 패스 아웃과 동시에 볼 맨의 수비수에게 스크린을 걸고 그대로 투 맨 게임으로 공격을 전개하는 경우다. 볼과 선수가 움직이면서 스크린 플레이로 연결할 수 있기 때문에 단순히 스크린을 걸기 위해 갈 때보다 수비가 대응하기 어렵다.

| 이럴 때 사용한다 | **투 맨 게임을 할 때** |

픽 앤드 롤(132쪽) 등 이른바 투 맨 게임의 시작점으로서 매우 중요한 움직임이다. 하이포스트에서 공을 받았을 때의 선택지로 기억해 두면 좋을 것이다.

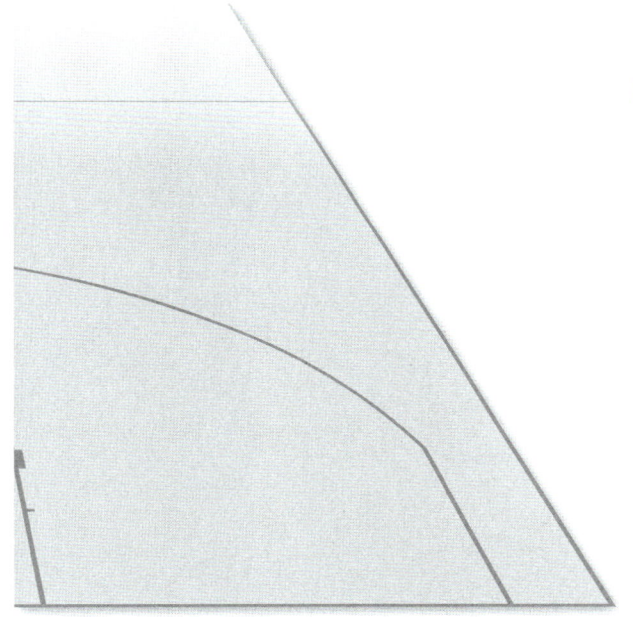

각 포지션의 움직임

❶ PF는 SG에게 패스 아웃한다.
❷ 그대로 볼 맨의 수비수에게 스크린을 건다.

선수의 움직임	→
볼의 움직임	┈┈▶
드리블의 움직임	〰▶
스크린의 움직임	━━

> 밀착 어드바이스
>
> ### 신장의 차이를 고려하며 스크린을 건다
>
> 온 더 볼 스크린은 두 선수의 체격이 같으면 효과가 적다. 그럴 경우는 수비가 스위치로 간단히 대응할 수 있기 때문이다. 반드시 큰 선수와 작은 선수의 조합으로 실시하자.

PART 5 오프 더 볼에서의 움직임

하이포스트로 이동한다 ①

빠르게 파고드는 플래시를 구사해 하이포스트로 움직인다

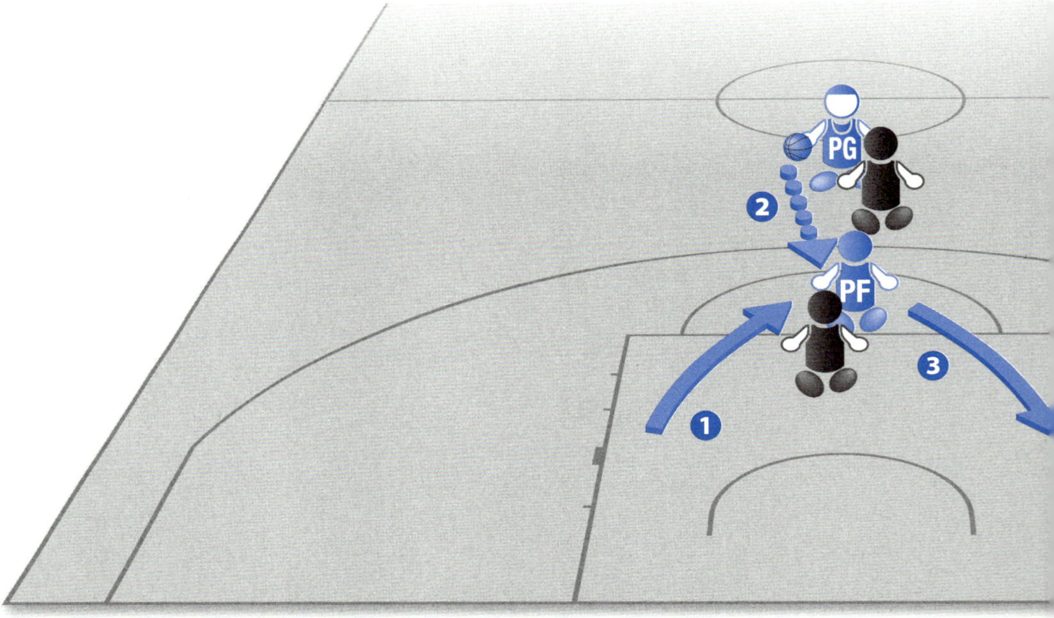

기술 가이드　　**재빨리 들어가고 재빨리 빠져나간다**

하이포스트로 빠르게 들어가는 움직임은 마치 빛이 번쩍하듯이 순식간에 움직이기 때문에 '플래시'라고 비유하기도 한다. 재빨리 들어가서 타이밍 좋게 패스를 요청하고, 볼을 받지 못했을 경우는 즉시 빠져나가는 것이 기본이다. 인사이드 플레이어가 하이포스트의 포지션에 머물러 있으면 아웃사이드 플레이어의 움직임에 방해가 되니 주의하자. 또 움직임의 기점은 로포스트가 되는 것이 원칙이다. 이동 거리가 짧은 만큼 패스의 타이밍을 맞추기가 수월하다.

이럴 때 사용한다 ▸ 공이 톱에 있을 경우

대인 방어일 경우는 톱의 위치에서 공을 투입하는 것이 기본이다. 윙에서는 각도상 수비가 손을 뻗어 차단당하기 쉬우므로 주의하자. 공이 톱에 건네지는 타이밍을 재서 플래시를 하면 좋을 것이다.

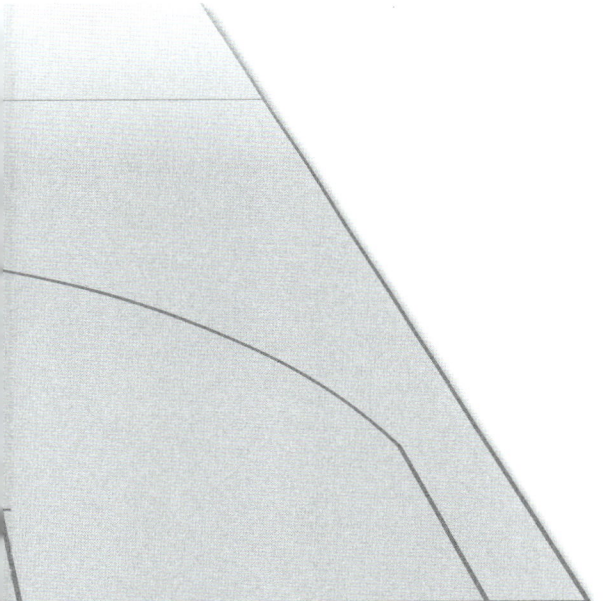

각 포지션의 움직임

① PF는 로포스트에서 하이포스트로 움직인다.
② PG는 타이밍 좋게 PF에게 패스한다.
③ PF는 공을 받지 못했을 경우 즉시 빠져나간다.

- 선수의 움직임 ━━▶
- 볼의 움직임 ┄┄┄▶
- 드리블의 움직임 ～～▶
- 스크린의 움직임 ━━┃

밀착 어드바이스

마크를 떼어낼 수 없을 경우는 확실히 블록한다

플래시의 움직임으로 마크를 떼어낼 수 없을 경우, 패스 차단을 방지하기 위해 측면으로 서서 한쪽 팔로 상대를 블록하자. 다른 쪽 손은 타깃 핸드로서 높이 들어 패스의 목표를 만들면 좋다.

PART 5 오프 더 볼에서의 움직임

하이포스트로 이동한다②
아웃사이드에서 하이포스트로 플래시한다

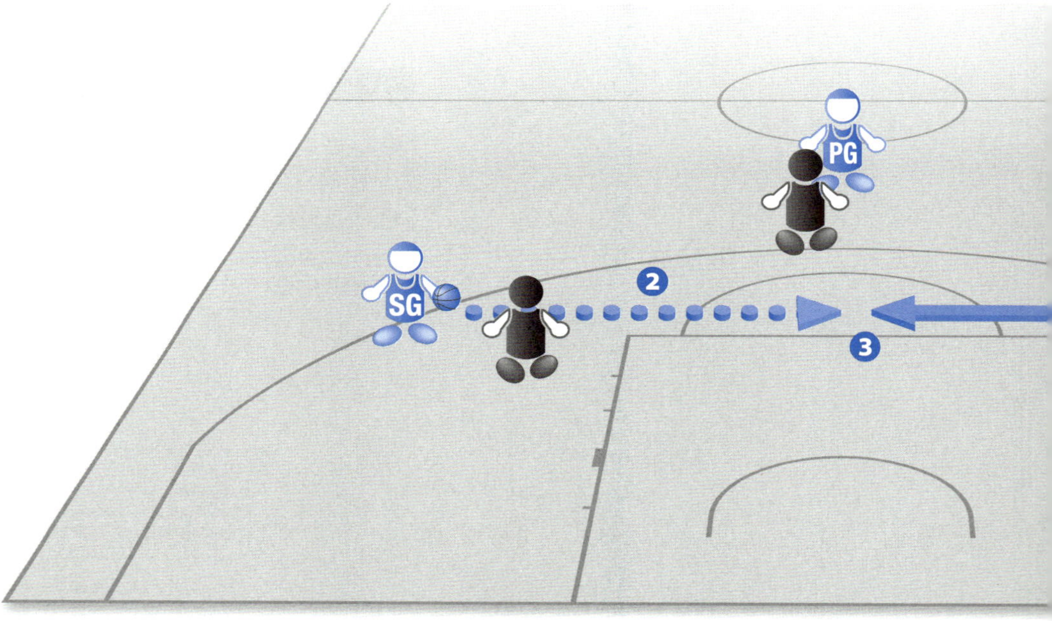

기술 가이드 　**패스에 대해 직선적으로 달려 들어간다**

인사이드 플레이어만이 하이포스트의 공간을 이용하는 것은 아니다. 볼이 윙에 있을 경우 반대 사이드의 윙에 있는 아웃사이드 플레이어가 플래시하는 플레이도 자주 사용된다. 패스에 대해 일직선으로 달려들기 때문에 미트가 용이해 그대로 슛을 노릴 수 있는 경우도 많다. 주의할 점 중 하나는 인사이드로 들어가는 타이밍이 다른 선수와 겹치지 않도록 하는 것이다. 인사이드 플레이어가 플래시를 한 뒤의 두 번째 옵션으로 사용하면 효과적이다.

| 이럴 때 사용한다 | **상대가 지역 방어를 할 때** |

하이포스트가 수비의 빈틈이 되기 쉬운 지역 방어에서 위력을 발휘한다. 대인 방어에서도 볼 수 있는 플레이이기는 하지만, 마크맨의 포지셔닝이 낮을 경우 등 사용할 수 있는 상황이 제한적이기 때문에 노려서 하기가 어렵다.

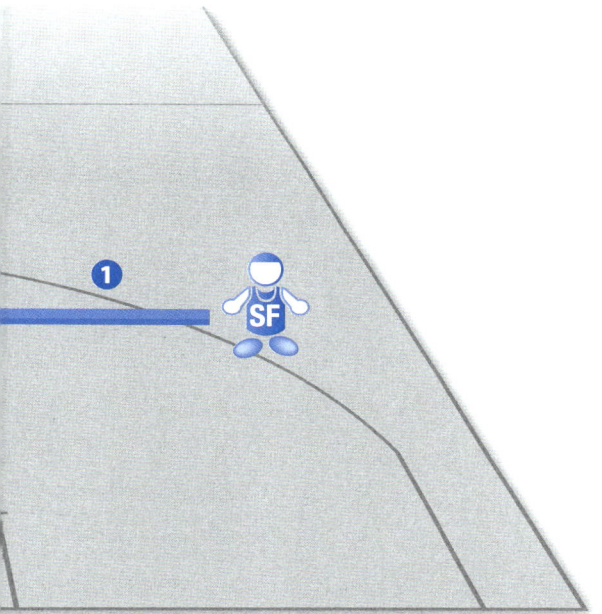

각 포지션의 움직임

① SF는 하이포스트의 공간으로 직선적으로 들어간다.
② SG는 톱의 수비수를 주의하며 패스한다.
③ SF는 패스를 받아 그대로 슛을 던진다.

- 선수의 움직임
- 볼의 움직임
- 드리블의 움직임
- 스크린의 움직임

| 밀착 어드바이스 |

톱의 수비수의 위치를 파악한다

이 플레이에서 가장 두려운 존재는 톱의 수비수다. 포스트의 수비는 골밑 방향을 주시하고 있을 때가 많은 까닭에 패스를 차단한다면 그것은 톱의 수비수일 가능성이 높기 때문이다. 수비의 위치를 확실히 파악해 두자.

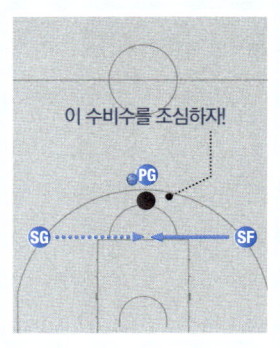

이 수비수를 조심하자!

PART 5 오프 더 볼에서의 움직임

로포스트로 이동한다
스크린을 이용해 로포스트로 들어가는 크로스 스크린

1

PF는 공을 받을 수 없을 것 같으면 크로스 스크린을 위해 움직이자.

각 포지션의 움직임

❶ PF는 반대 사이드의 C를 위해 스크린을 건다.
❷ C는 볼 사이드로 이동해 포스트 업을 한다.

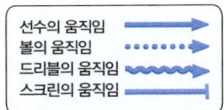

기술 가이드   볼 사이드의 선수가 반대 사이드로 가서 스크린

로포스트에서는 그 자리에 머물러 상대를 블록하면서 공을 받을 때가 많은데, 움직이면서 공을 받을 경우는 포스트 플레이어끼리 스크린을 거는 크로스 스크린이 주가 된다. 스크리너는 볼 사이드의 로포스트 플레이어다. 반대 사이드까지 스크린을 걸러 가고, 반대 사이드의 로포스트 플레이어가 볼 사이드까지 이동해 포스트 업을 하자. 수비의 반응에 따라 달라지지만, 스크리너는 그 후 하이포스트까지 올라가는 것이 기본 형태다.

| 이럴 때 사용한다 | **포지션 다툼에서 밀렸을 때** |

상대와 체격 차이가 심해 몸싸움에서 주도권을 쥘 수 없을 상황이라면, 단순히 포스트로 들어가서는 패스를 받기 어렵다. 그럴 때는 움직이면서 공을 받는 스크린이 특효약이다.

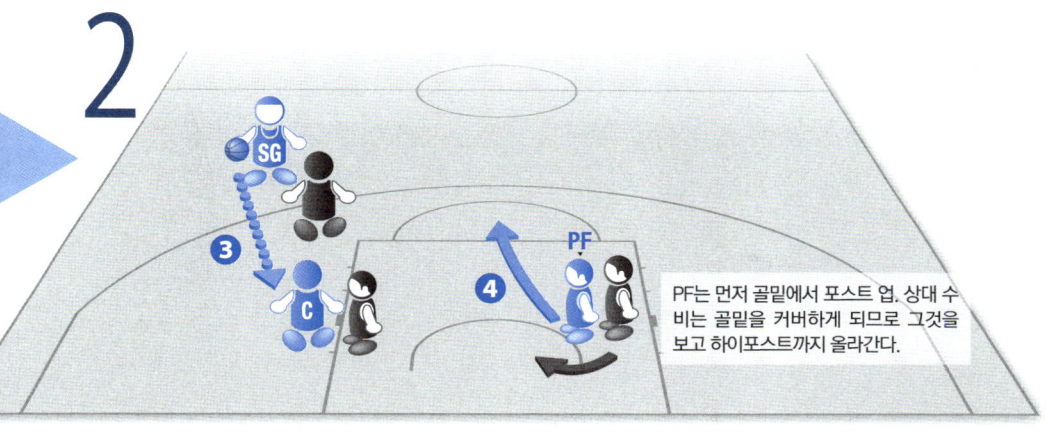

❸ SG는 이동한 C에게 패스한다.
❹ PF는 상대 수비가 골대 쪽으로 돌아 들어왔으면 하이포스트까지 올라간다.

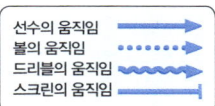

| 밀착 어드바이스 |

스위치를 했을 경우는 그 자리에서 포스트 업

상대 팀은 마크를 교환하는 스위치로 크로스 스크린에 대응하는 경우도 많다. 그럴 경우 스크리너는 그대로 상대를 블록하고 포스트 업을 하자. 미스매치가 되면 이지 슛의 기회를 잡을 수도 있다.

PART 5 오프 더 볼에서의 움직임

포스트의 로테이션

볼의 움직임과 포스트 업의 타이밍을 연동시킨다

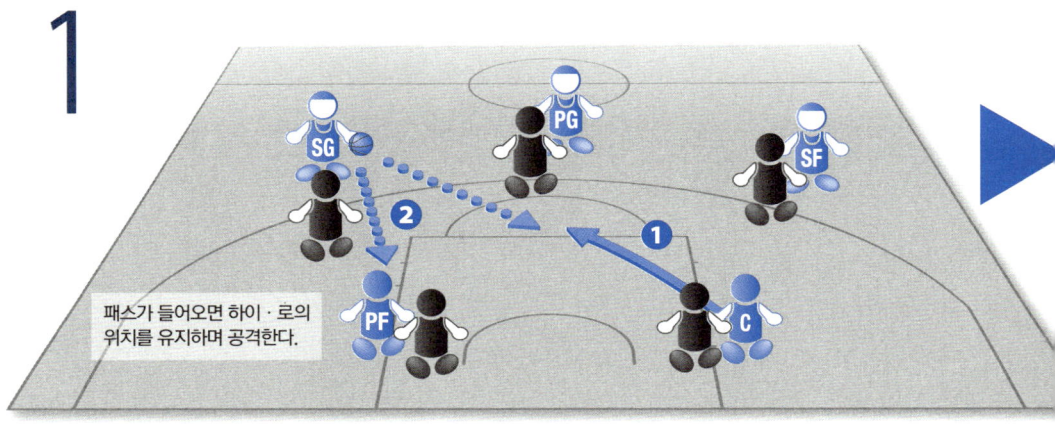

패스가 들어오면 하이·로의 위치를 유지하며 공격한다.

각 포지션의 움직임

① 반대 사이드의 C는 하이포스트로 플래시한다.
② SG는 하이포스트나 로포스트로 패스한다.

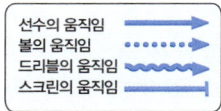

| 기술 가이드 | **볼과 반대 사이드에서 플래시한다** |

포스트 업은 볼의 위치에 따라서 움직이는 타이밍이 정해져 있다. 원칙적으로 처음에는 인사이드 플레이어 2명 모두 로포스트에 위치하고 볼과 반대 사이드의 선수가 하이포스트로 플래시하는 것이 기본형이다. 두 포스트 플레이어 중 한 명에게 공이 투입되면 하이·로의 위치 관계에 따라 인사이드의 패스 교환을 노리자. 한편 포스트로 패스가 투입되지 않고 볼이 반대 사이드로 전개되었을 경우, 로포스트 플레이어는 반대 사이드의 로포스트로 이동하고 하이포스트 플레이어가 빈 공간을 메우는 것이 원칙이다.

| 이럴 때 사용한다 | 인사이드에 2명이 있을 경우 |

C와 PF 2명이 모두 포스트에 들어가는 포메이션일 경우 로테이션이 필요하다. 하이포스트로의 플래시나 로테이션의 원칙을 확실히 이해해 두지 않으면 포스트 플레이어끼리 움직임이 겹쳐서 인사이드가 혼란에 빠지니 주의하자.

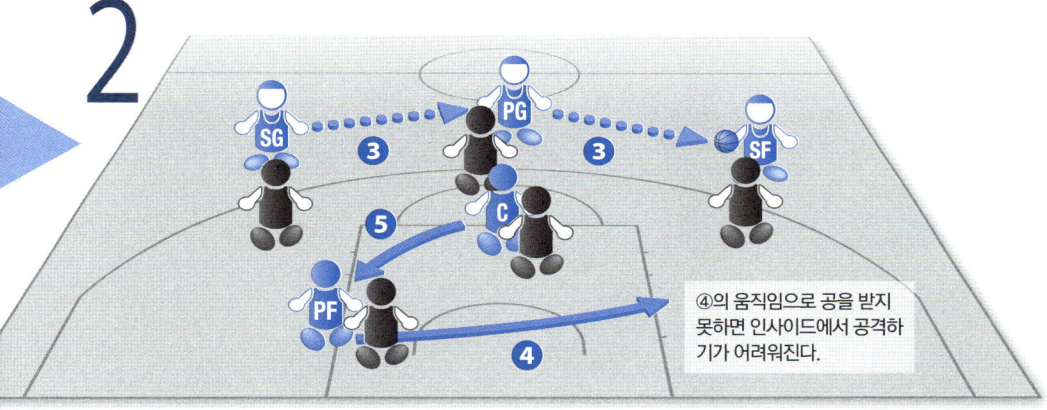

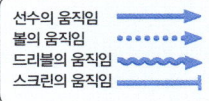

④의 움직임으로 공을 받지 못하면 인사이드에서 공격하기가 어려워진다.

❸ 포스트에 패스하지 않고 반대 사이드로 공을 전개한다.
❹ PF는 반대 사이드의 로포스트로 포스트 업을 하러 간다.
❺ C는 PF가 있었던 로포스트까지 내려간다.

선수의 움직임	➜
볼의 움직임	┈┈▶
드리블의 움직임	∿∿▶
스크린의 움직임	───┤

밀착 어드바이스

하이포스트로의 플래시는 공격 1회당 한 번이 이상적이다

⑤의 움직임 후에 C가 하이포스트로 돌아가는 것은 아웃사이드의 드라이브 코스를 막아 버리기 때문에 바람직하지 않다. 포스트 플레이어의 하이포스트로의 플래시는 공격 1회당 한 번이 이상적이다.

PART 5 오프 더 볼에서의 움직임

스크린을 걸기 위해 움직인다 ①

볼 맨을 위해 스크린을 건 뒤 픽 앤드 롤을 노린다

1

스크린의 바로 옆을 스쳐 지나가듯이 드리블한다.

각 포지션의 움직임

❶ C는 PG를 위해 스크린을 건다.
❷ PG는 스크린을 이용하며 드리블을 시도한다.

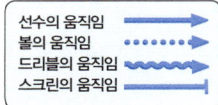

| 기술 가이드 | 스크린을 건 뒤에 골밑 방향으로 턴한다 |

볼 맨을 위한 스크린의 일환으로 빈번히 사용되는 것이 픽 앤드 롤이다. 이것은 인사이드의 플레이어가 스크린(픽)을 건 뒤에 골밑 방향으로 턴(롤)해 빈 공간으로 달려 들어가는 플레이다. 매우 단순하지만 미스매치를 만들기 쉽고 인사이드 플레이어와 아웃사이드 플레이어가 함께 골밑을 향해 움직이기 때문에 수비가 대응하기도 어렵다. 볼 맨을 위한 스크린과 한 세트로 익혀 두면 많은 도움이 되는 플레이라고 할 수 있다.

| 이럴 때 사용한다 | **상황에 따라 구분해서 사용한다** |

온 더 볼 스크린은 공격의 기점으로 삼기 위해 실시할 경우와 픽 앤드 롤처럼 그대로 슛 기회를 만들어내기 위해 실시할 경우가 있다. 남은 공격 시간 등 상황에 따라 어떤 플레이로 연결할지 선택하자.

PG는 수비가 오지 않으면 그대로 슛을 한다.

❸ C는 골밑 방향으로 턴해 패스를 요청한다.
❹ PG는 슛을 하거나 턴한 C에게 패스한다.

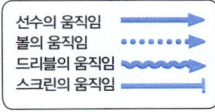

밀착 어드바이스

상대가 뒤로 쫓아오게 하는 각도로 스크린을 건다

픽 앤드 롤의 이상적인 형태는 아웃사이드의 수비수가 등 뒤에서 쫓아오는 형태다. 이를 위해서는 스크린의 각도가 중요하다. 각도가 어설프면 상대가 피해서 지나가니 주의하자.

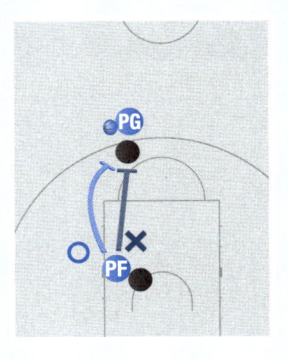

PART 5 오프 더 볼에서의 움직임

스크린을 걸기 위해 움직인다②
아래에 있는 동료에게 스크린을 거는 다운 스크린

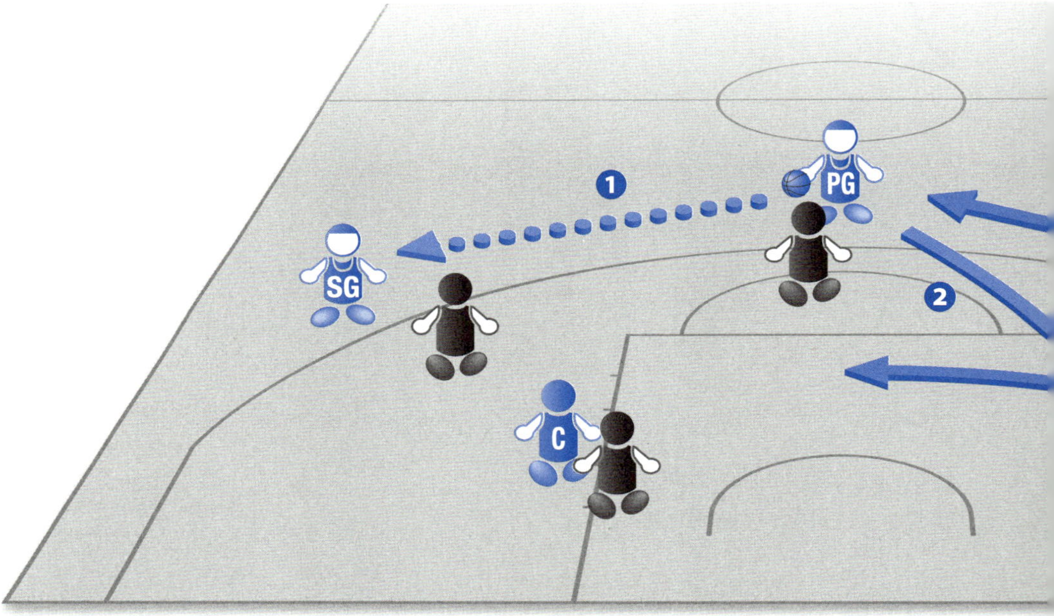

| 기술 가이드 | 인사이드의 공간으로 달려 들어간다 |

다운 스크린은 이름처럼 자신보다 아래쪽(엔드 라인 쪽)에 있는 동료를 위해서 거는 스크린을 가리킨다. 스크린을 받는 선수는 스크리너와 교대하듯이 위로 올라가거나 하이포스트 등 인사이드의 공간으로 달려드는 것이 기본 형태다. 중요한 점은 아웃사이드 플레이어와 인사이드의 플레이어의 조합으로 스크린을 거는 것이다. 아웃사이드 플레이어끼리 걸면 상대가 마크를 스위치하는 방법으로 간단히 대응할 수 있기 때문에 수비를 무너트리기 어렵다.

| 이럴 때 사용한다 | 아웃사이드에 4명이 있을 때 |

아웃사이드로 간 PF가 넓게 빈 인사이드의 공간을 찌르는 형태가 다운 스크린의 정석이라 할 수 있다. 아웃사이드에 플레이어 3명이 있을 경우 동선이 겹쳐 수비를 떼어내기 어렵고 스크린이 통하지 않아 인사이드로 드라이브하기도 쉽지 않다. 이럴 때는 PF까지 아웃사이드로 빠져 인사이드의 공간을 확보한 후 드라이브 인하자.

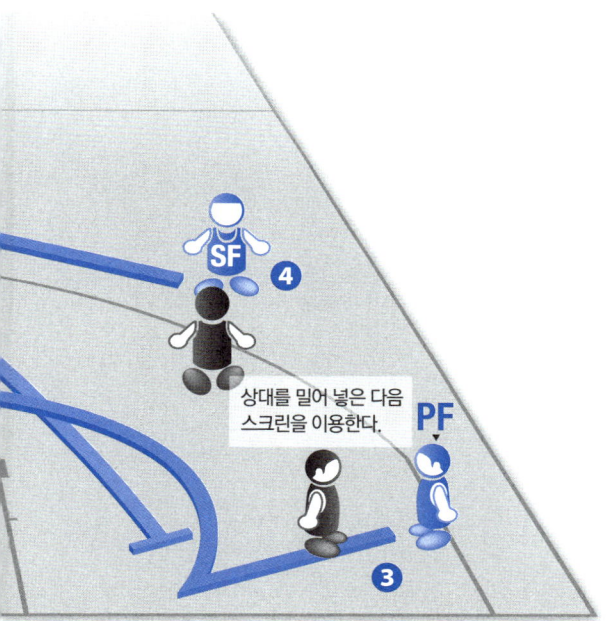

상대를 밀어 넣은 다음 스크린을 이용한다.

각 포지션의 움직임

❶ PG는 윙의 SG에게 패스한다.
❷ PG는 코너 부근에서 스크린을 건다.
❸ PF는 스크린을 이용해 하이포스트로 이동한다.
❹ 동시에 SF는 PG의 공간을 메운다.

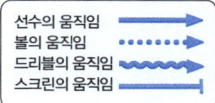

선수의 움직임
볼의 움직임
드리블의 움직임
스크린의 움직임

| 밀착 어드바이스 |

작은 플레이어가 스크린을 건다

스크린은 신장의 차이가 클수록 위력을 발휘한다. 속도나 높이의 미스매치가 발생하기 쉽기 때문이다. 위의 경우에도 SF보다 PG가 스크린을 거는 편이 상대 수비의 대응을 어렵게 만든다.

PART 5 오프 더 볼에서의 움직임

스크린을 걸기 위해 움직인다③
인사이드 플레이어가 아웃사이드 플레이어를 위해 거는 업 스크린

1

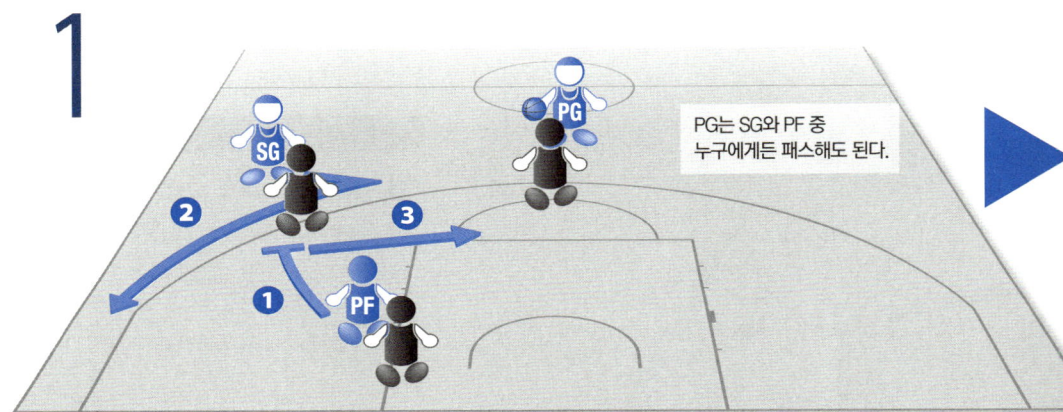

PG는 SG와 PF 중 누구에게든 패스해도 된다.

각 포지션의 움직임

① PF는 윙의 SG에게로 가 스크린을 건다.
② SG는 스크린을 이용해 컷을 한다.
③ PF는 스크린을 건 뒤에 하이포스트로 움직인다.

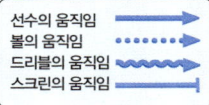

선수의 움직임
볼의 움직임
드리블의 움직임
스크린의 움직임

기술 가이드 **아웃사이드 플레이어가 인사이드를 파고든다**

업 스크린은 인사이드 플레이어가 윙이나 톱까지 올라가서 거는 스크린이다. 수비의 뒤에서 스크린을 거는 형태가 되기 때문에 '백 픽'이라고 부르기도 한다. 핵심은 인사이드의 공간이다. C나 PF가 스크린을 걸기 위해 아웃사이드까지 나가기 때문에 그들이 원래 있었던 로포스트 부근에 넓은 공간이 생긴다. 아웃사이드 플레이어는 업 스크린을 받고 컷 인해 이 장소를 파고드는 것이 포인트다.

| 이럴 때 사용한다 | 슛 기회로 이어지는 한 수 |

업 스크린은 인사이드 플레이어가 원래 있었던 포지션이 빈 공간이 되므로 스크린과 공간을 만드는 움직임이 한 번의 플레이로 가능하다. 그렇기 때문에 이어지는 컷으로 결정적인 상황을 만들기 용이하며, 슛 기회로 연결시키기에 최적의 플레이라고 할 수 있다.

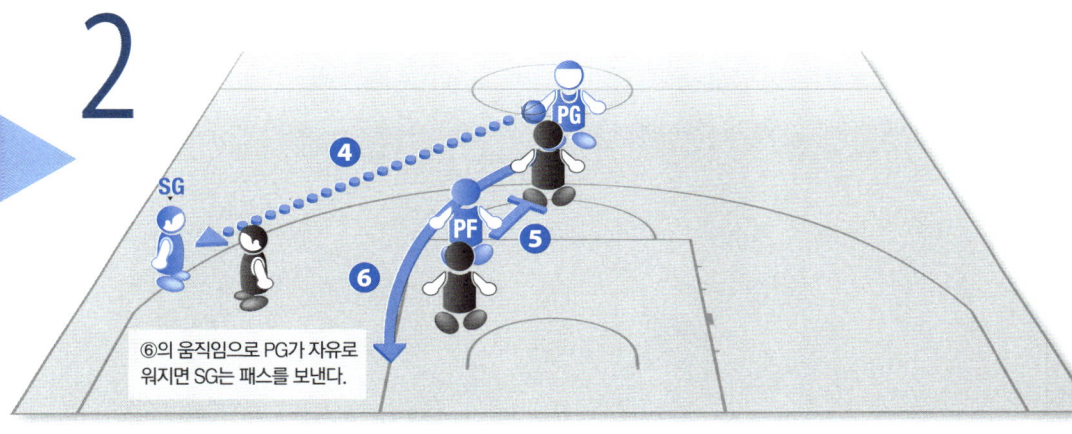

❹ PG는 컷한 SG에게 패스한다.
❺ 하이포스트의 PF는 PG에게 업 스크린을 걸어 준다.
❻ PG는 스크린을 이용해 인사이드로 달려 들어간다.

선수의 움직임
볼의 움직임
드리블의 움직임
스크린의 움직임

| 밀착 어드바이스 |

스크린이 자리 잡은 뒤에 움직이기 시작한다

스크린이 확실히 정지한 상태가 아니면 파울이 선언된다. 특히 업 스크린은 파울이 되기 쉬운 플레이다. 인사이드의 공간을 활용하고 싶다는 마음에 너무 빨리 움직여 버리는 경향이 있으니 주의하자.

PART 5 오프 더 볼에서의 움직임

스크린을 걸기 위해 움직인다④
스크린을 견제하는 상대의 움직임을 역이용해 마크를 떼어낸다

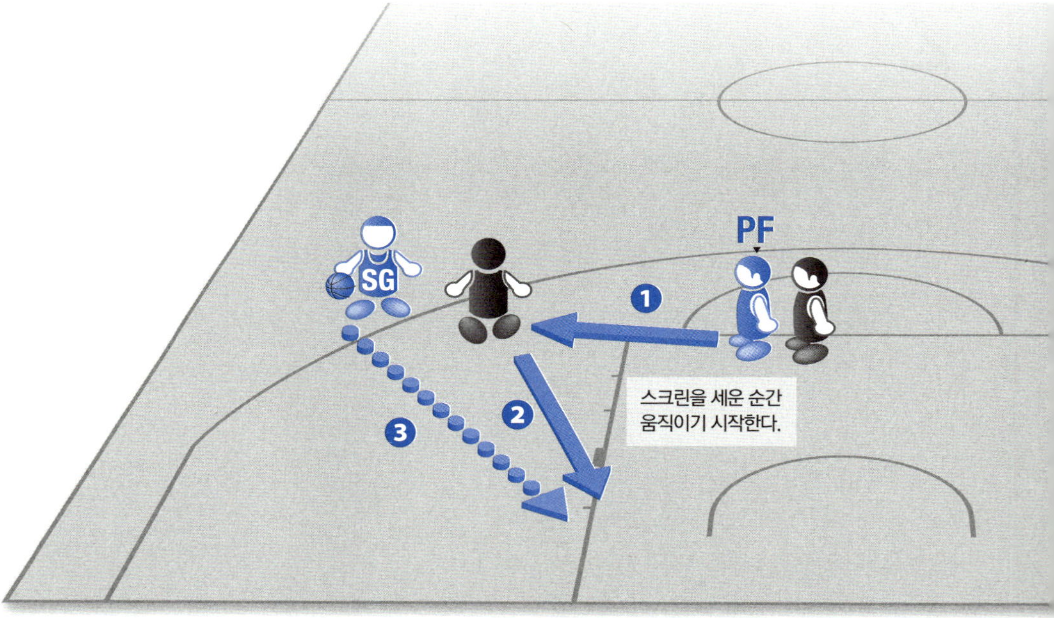

스크린을 세운 순간 움직이기 시작한다.

기술 가이드 — 인사이드의 공간으로 달려 들어간다

당연한 말이지만, 상대 팀 역시 수비의 균열을 만들어내는 스크린 플레이를 경계한다. 위의 그림에서 PF가 스크린을 설치할 경우, PF의 수비수는 SG의 드라이브를 견제하기 위해 포지션을 위로 높이는 것이 정석이다. 여기서 소개하는 내용은 이 정석을 역이용한 플레이로, 스크린을 세우고 수비수가 커버를 위해 움직인 순간 반대 방향으로 움직여 상대를 떼어낸다. 단순한 움직임이지만 수비 측도 예측이 어렵기 때문에 노 마크 상태를 만들기 용이한 플레이다.

| 이럴 때 사용한다 | **PF나 SF의 깜짝 무기** |

체격이 큰 C보다 어느 정도 기동력이 있는 PF나 SF 등이 자주 구사하는 플레이다. 다만 상대의 포지셔닝을 이용하기 때문에 빈번히 성공하는 플레이라고 말하기는 어렵다. 어디까지나 빈틈을 보고 시도하는 '깜짝 무기'로 이용하면 좋을 것이다.

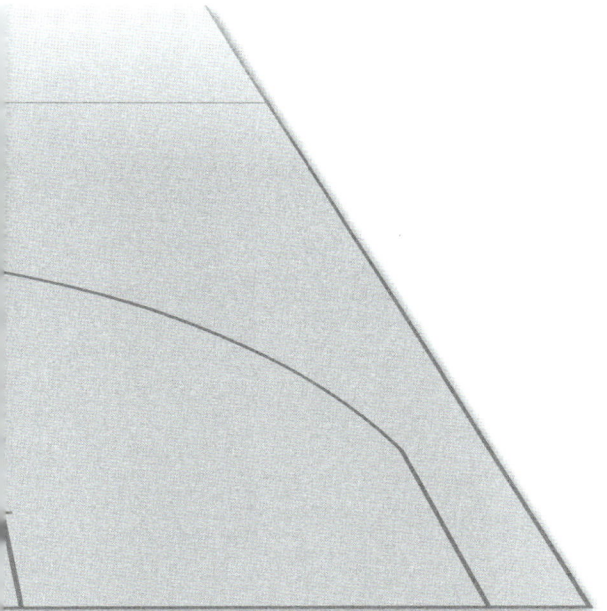

각 포지션의 움직임

❶ PF는 윙의 SG를 위해 스크린을 설치한다.

❷ ①의 움직임을 페인트로 삼아 아래로 이동한다.

❸ SG는 PF에게 패스한다.

선수의 움직임 ──▶
볼의 움직임 ････▶
드리블의 움직임 〰▶
스크린의 움직임 ━━▶

> **밀착 어드바이스**
>
> **수비의 반응을 간파한다**
>
> 이 플레이의 핵심은 수비의 반응이다. 그림의 경우, PF가 스크린을 세우면 PF의 수비수는 SG의 드리블 코스를 체크하기 위해 포지션을 높이는 것이 정석이다. PF는 그 순간을 놓치지 않고 골밑 방향으로 움직임으로써 수비를 떼어낼 수 있다. 스크린을 세우면서 뒤편에 있는 수비수의 움직임을 확실히 간파하는 것이 중요하다.

PART 5 오프 더 볼에서의 움직임

스크린을 걸기 위해 움직인다⑤
스크리너에게 스크린을 거는 픽 더 피커

1

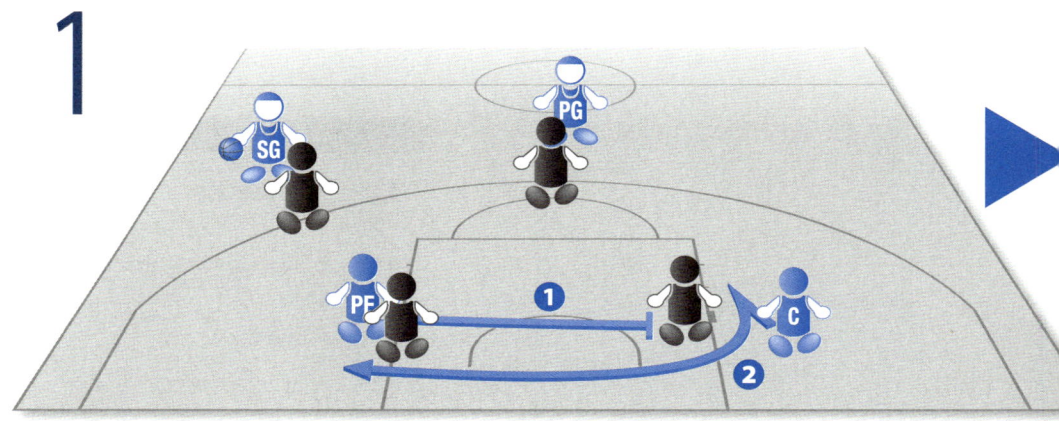

각 포지션의 움직임

❶ PF는 C를 위해 크로스 스크린을 건다.
❷ C는 스크린을 이용해 반대 사이드의 로포스트로 이동한다.

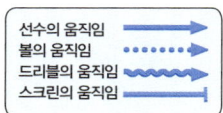

| 기술 가이드 | 제3의 움직임으로 상대를 혼란시킨다 |

픽 더 피커는 스크리너에게 다시 스크린을 걸어 주는 플레이다. 스크리너의 수비수는 두 선수(위의 그림에서는 C와 PF)의 움직임을 쫓아가기 때문에 제3의 움직임인 또 하나의 스크린(PG)에 대응하기가 어렵다. 또 좁은 지역에 3명이 모이기 때문에 빈 공간이 만들어지기 쉬워 그 공간을 파고드는 공격을 노릴 수 있다는 것도 이점이다. 위의 그림에서는 인사이드에서의 픽 더 피커를 소개했지만, 아웃사이드에서도 사용되는 범용성 높은 플레이다.

| 이럴 때 사용한다 | 인사이드 플레이어 2명에 아웃사이드가 가세 |

인사이드 플레이어 2명이 강력할 경우, 체격이 있는 인사이드 플레이어끼리의 스크린에 이어 아웃사이드 플레이어가 가세함으로써 높이의 미스매치를 만들어낼 수 있다. 포스트 플레이어가 2명인 팀은 반드시 도입하는 전술이다.

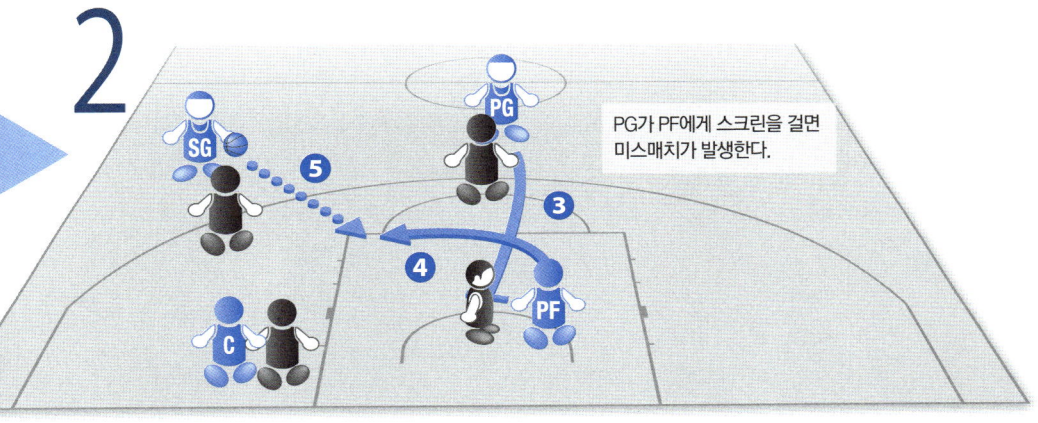

③ PG가 PF를 위해 스크린을 건다.
④ PF는 스크린을 이용해 하이포스트로 이동한다.
⑤ SG는 올라온 PF에게 패스한다.

| 밀착 어드바이스 |

마지막에 PG가 스크린을 거는 것이 이 공격의 키포인트!

스크린은 신장의 차이가 클수록 효과적이다. 이 움직임에서도 마지막에 PG가 PF를 위해 스크린을 걸기 때문에 스위치로 대응하면 미스매치가, 스크린을 피해서 따라가면 수비의 균열이 발생해 유리한 공격을 전개할 수 있다.

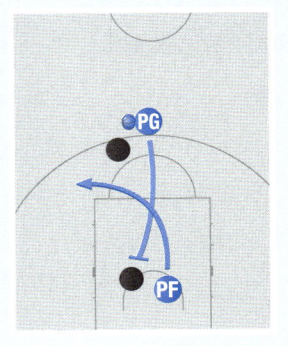

PART 5 오프 더 볼에서의 움직임

리바운드를 위해 움직인다
슛을 한 뒤에는 골밑에서 공격 리바운드를 빼앗는다

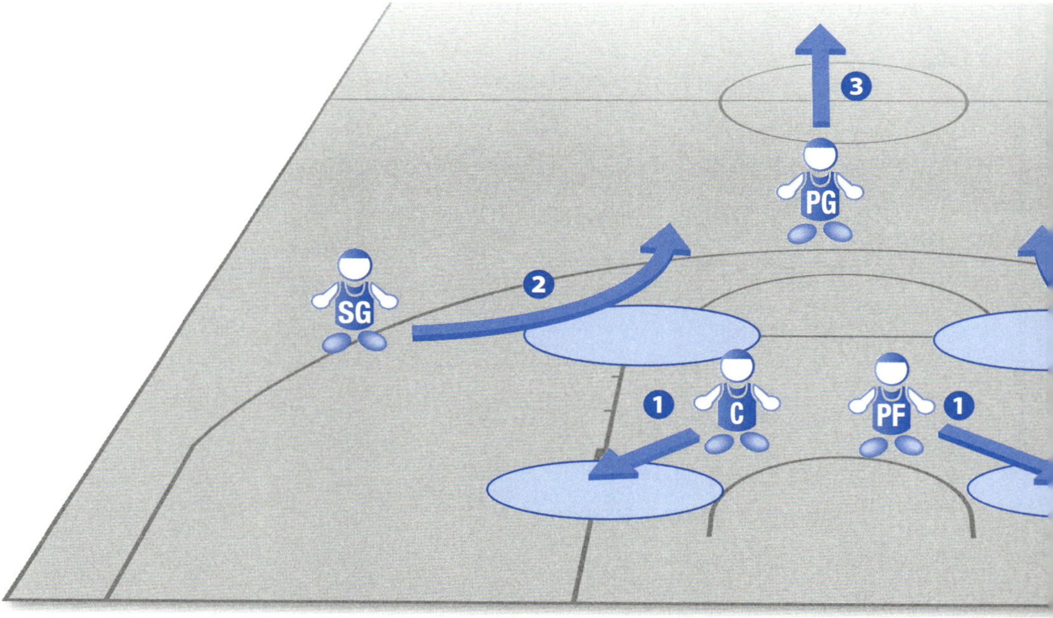

기술 가이드 **박스형의 네 지역을 메운다**

공격 리바운드는 상대의 공격 기회를 빼앗고 자신들의 공격 기회를 늘린다는 두 가지 이점이 있기 때문에 반드시 수행해야 할 플레이 중 하나다. 기본적인 포지셔닝으로 위의 그림과 같은 박스형의 네 지역을 메우는 것이 있다. C와 PF는 아래의 두 영역을 제압하고, PG와 SG, SF 중 2명이 위쪽 모서리를 지나가듯이 이동하며 자기 팀 진영으로 돌아간다. 나머지 1명은 재빨리 세이프티를 위해 돌아가 상대의 속공을 방지하자.

142

| 이럴 때 사용한다 | 미들 레인지 리바운드가 중요 |

과거에는 트라이앵글이 기본으로 여겨졌지만, 3점 숏 라인이 넓어진 이후 크게 튀는 리바운드가 늘어나 미들 레인지 리바운드의 중요성이 높아졌다.

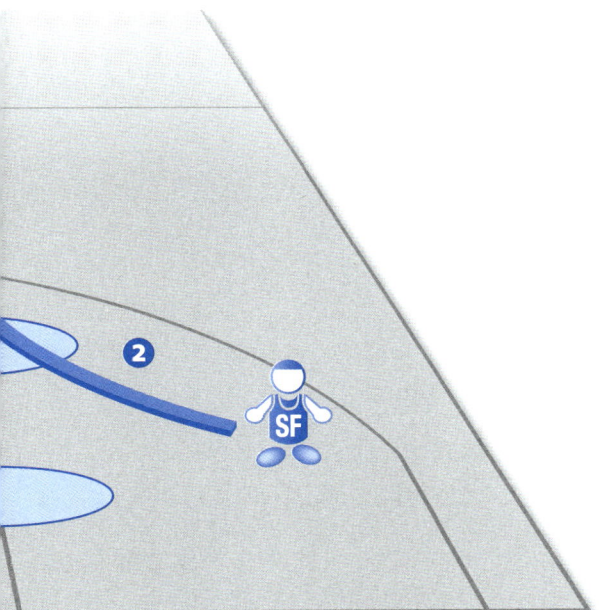

각 포지션의 움직임

① C와 PF는 아래의 지역으로 들어간다.
② SF나 SG는 위쪽 모서리를 지나가듯이 이동하며 돌아간다.
③ PG는 재빨리 세이프티를 위해 돌아간다.

선수의 움직임 →
볼의 움직임 ┈┈┈▶
드리블의 움직임 〰▶
스크린의 움직임 ⇉

밀착 어드바이스

아웃사이드 플레이어는 뛰어들며 잡는다

아웃사이드 플레이어도 움직이는 가운데 리바운드에 관여하면 높이나 타이밍으로 공을 빼앗을 가능성도 높아진다. 특히 미들 레인지에서의 리바운드에는 적극적으로 뛰어들자.

농구 용어 다시보기

자유투 라인

제한구역의 위쪽 변을 형성하는, 엔드 라인과 평행하게 그려진 선. 자유투를 던질 때의 기준이 된다.

제한구역

골대 부근의 가로 4.9미터×세로 5.8미터의 직사각형을 가리킨다. 공격 측의 플레이어는 이 구역에 3초 이상 머물러서는 안 된다.

지역 방어

사람이 아니라 정해진 지역을 지키는 수비 전술. 전위와 후위의 인원수에 따라 형태를 구분하며, 일반적으로 2-3이나 3-2와 같이 표기한다.

체인지 오브 페이스 Change of pace

드리블이나 러닝의 리듬에 완급을 조절해 상대를 제치는 테크닉. 백스텝 등과 조합하면 효과적이다.

컷 플레이 Cut play

오프 더 볼 상태에서 마크를 떼어내기 위해 실시하는 러닝 플레이. 인사이드로 달리는 경우는 커트 인이라고 한다.

코너 Corner

3점 슛 라인의 엔드 라인 부근 또는 이 부근에 위치한 플레이어를 말한다. 골대와의 각도가 없기 때문에 '0도'라고 부르기도 한다. 아웃사이드의 기본 포지션 중 하나.

코트 비전 Court vision

경기의 흐름을 보는 시야를 뜻한다. 자신의 플레이를 하면서도 전체 코트의 모습을 볼 수 있는 능력이 필요하다. PG에게 특히 요구되는 자질이다.

타임아웃 Timeout

경기 중에 얻을 수 있는 1분 동안의 중간 휴식. 전술 지시 등을 할 수 있다. 전반전에 2회, 후반전에 3회, 연장전에 1회를 얻을 수 있다.

PART 6
연계 플레이의 움직임

경기 도중 볼 맨이 일대일을 시도할 때 그 외의 선수들은 어떤 움직임이 필요할까? 연계 플레이는 동료의 일대일에 연계하기 위한 움직임을 의미한다. 빈 공간으로 움직이거나 지원을 위해 움직임으로써 플레이의 선택지를 늘리고 공격에 다양성을 부여할 수 있다. 각 포지션이나 일대일 상황별로 어떤 연계 플레이가 이루어지는지 살펴보자.

PART 6 연계 플레이의 움직임

기본 개념과 기초 지식
연계 플레이의 움직임을 이해해 보자

 연계 플레이의 움직임을 이해하기 위한 세 가지 요소

공격 전술에서 빼놓을 수 없는 것이 '연계 플레이'라고 부르는 오프 더 볼의 움직임이다. 동료와 연계해 빈 공간으로 움직이거나 지원을 위해 움직임으로써 드라이브로 시작되는 플레이의 선택지를 늘리고 공격에 다양성을 부여한다.

1
4아웃인가 3아웃인가

같은 위치에서의 드라이브라도 아웃사이드에 4명이 있는가 3명이 있는가에 따라 움직이는 루트가 달라진다. 드라이브가 시작되었을 때의 진형을 파악하는 것이 포인트다.

2
드라이브의 위치는 어디인가

톱이나 윙 등 드라이브가 어디에서 시작되어 골밑을 향하고 있느냐에 따라서도 연계 플레이의 공식이 달라진다. 포메이션과 함께 드라이브의 시작 위치에도 주목하자.

3
슛인가 보조인가

인사이드 플레이어는 주로 드리블러로부터 패스를 받아 슛을 노린다. 한편 아웃사이드 플레이어는 보조 역할을 맡아 리스크를 관리한다. 양자의 역할 차이를 머릿속에 넣어 두자.

연계 플레이에는 이런 플레이가 있다!

드리블로 일대일을 하는 드라이브와 로포스트의 포스트 플레이에 대한 연계 플레이가 주로 이루어진다. 움직이는 위치뿐만 아니라 움직이는 타이밍도 중요하므로 확실히 이해하자.

톱에서의 드라이브에 연계한다

톱에 있는 선수가 드라이브를 시도했을 때 연계하는 방법. 4아웃이나 3아웃 외에 스크린을 이용한 드라이브 등의 유형이 있다.

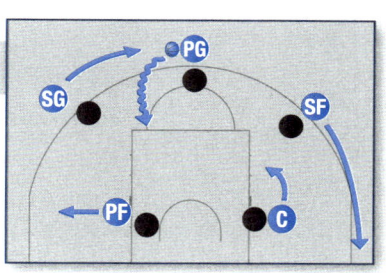

윙, 코너에서의 드라이브에 연계한다

윙이나 코너에서 시작되는 드라이브의 경우 포스트 플레이어의 위치가 중요하다. 더블 로포스트인지 하이 & 로포스트인지에 따라 움직임을 바꾸자.

로포스트 플레이어와 연계한다

로포스트로 공이 패스되었을 때에도 연계 플레이의 원칙이 있다. 동료가 움직이지 않으면 로포스트의 일대일이 원활히 진행되지 않으니 주의하자.

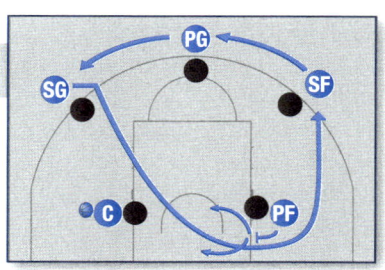

PART 6 연계 플레이의 움직임

연계 플레이의 원칙①
숏으로 직결되는 드리블러와 인사이드 플레이어의 원칙

원칙 1

▶ 드리블러의 원칙
드라이브를 한다면 먼저 슛을 노린다

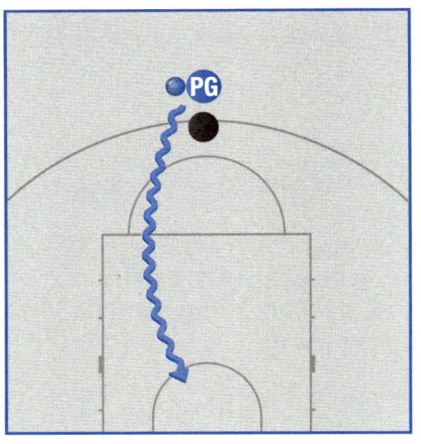

드라이브란 드리블로 상대를 제치고 슛으로 연결하는 플레이를 말한다. 즉, 최우선으로 노려야 할 플레이는 슛이다. 골밑을 향해 드리블을 하면 설령 슛을 하지 못하더라도 상대 수비수를 끌어들일 수 있다. 이때 비로소 연계 플레이의 패스가 성공할 가능성이 생기는 것이다.

원칙 2

▶ 드리블러의 원칙
빈 공간을 생각하며 드리블 방향을 결정한다

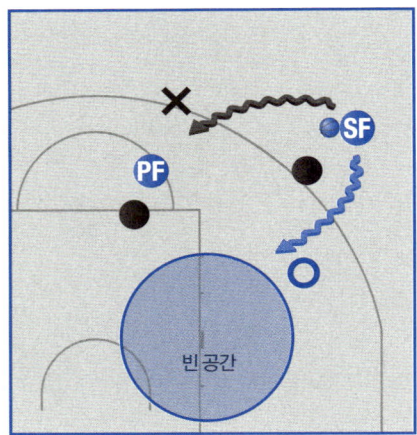

드리블러는 자신을 마크하는 상대 선수뿐만 아니라 코트의 상황을 파악해 적절한 드리블 코스를 선택하는 것이 중요하다. 그림과 같이 하이포스트에 동료가 있을 경우, 톱 쪽으로 드리블을 하면 공간이 없기 때문에 좋지 않다. 넓게 비어 있는 엔드 라인 쪽으로 돌파하는 것이 원칙이다.

구체적인 연계 플레이의 움직임을 살펴보기 전에 모든 연계 플레이의 전제가 되는 원칙을 기억해 두자. 여기에서는 먼저 드리블러와 인사이드 플레이어의 원칙을 소개한다. 이 양 플레이어는 기본적으로 슛 혹은 패스의 퍼스트 옵션이 될 때가 많다. 그만큼 득점으로 직결되는 중요한 포지션이라고 할 수 있다.

원칙 3

▶ 인사이드 플레이어의 원칙

드리블 코스를 가로막지 않는다

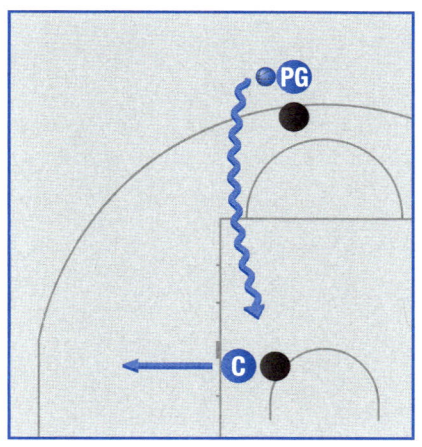

골밑 부근에 자리를 잡고 있는 인사이드 플레이어는 상황에 따라 드리블 코스를 가로막는 경우가 있다. 그림과 같은 상황에서는 PG가 드리블을 할 수 없을 뿐만 아니라 C의 수비수가 헬프를 위해 움직여서 PG를 포위할 우려도 있다. 반드시 코스를 비워 두도록 주의하자.

원칙 4

▶ 인사이드 플레이어의 원칙

드라이브와 반대 방향의 포물선을 그리며 연계한다

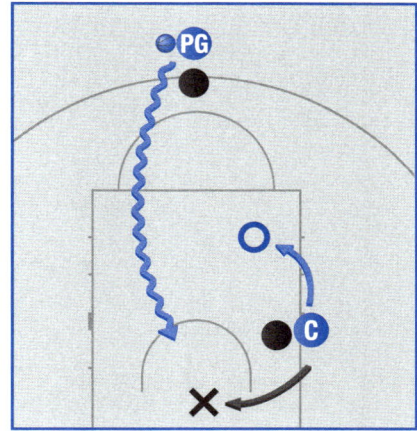

인사이드 플레이어가 연계 플레이를 위해 움직일 경우, 드라이브에 방해가 되지 않도록 주의할 필요가 있다. 따라서 드리블러에게 접근하듯이 움직이는 것은 바람직하지 않다. 드라이브와 반대 방향으로 포물선을 그리듯이 움직이면 드리블러와 거리를 두면서 움직일 수 있으므로 수비가 대응하기 어려워진다.

PART 6 연계 플레이의 움직임

연계 플레이의 움직임②
주로 지원 역할을 하는 아웃사이드 플레이어의 원칙

원칙 5

▶ 아웃사이드 플레이어의 원칙
반드시 세이프티 맨을 만들어 둔다

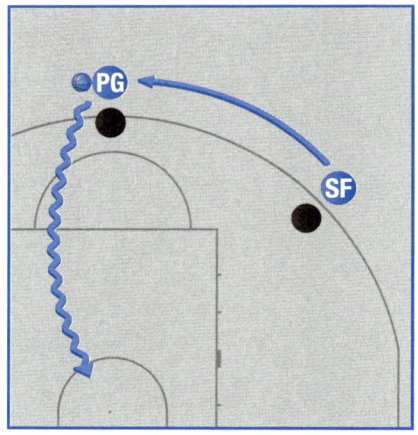

세이프티 맨은 드라이브 등을 하다가 공을 빼앗겼을 경우를 대비해 후방으로 돌아갈 준비를 하는 선수다. 드라이브를 할 경우는 반드시 한 명이 세이프티 맨으로서 톱이나 윙까지 이동해 상대에게 속공 기회를 주지 않는 것이 중요하다. 위의 그림에서는 드라이브를 한 PG의 위치를 메우듯이 SF가 세이프티 맨이 되었다.

원칙 6

▶ 아웃사이드 플레이어의 원칙
공을 뺄 장소를 확보한다

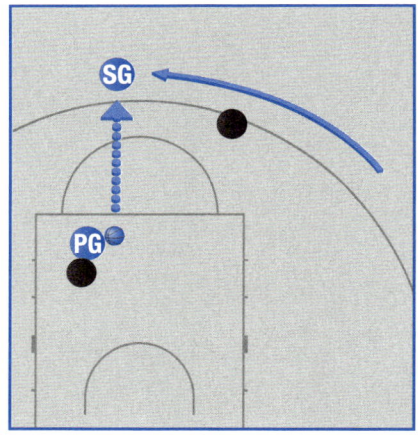

드라이브가 반드시 성공한다는 보장은 없다. 아웃사이드 플레이어는 드리블러가 저지당했을 경우를 대비해 공을 뺄 수 있는 장소로 이동해 두는 것이 철칙이다. 구체적인 장소는 상황에 따라 다르지만, 가장 안전한 패스 코스는 드라이브한 코스, 즉 드리블러의 등 뒤다.

아웃사이드 플레이어는 드리블러나 인사이드 플레이어에 비해 간접적인 연계 플레이의 움직임이 많아진다. 드라이브에 연계해 안으로 달려 들어가기보다 속공 방지를 위한 세이프티나 공을 뺄 장소의 확보, 그 후의 패스 전개를 예상한 포지션 설정 등 보조적인 움직임으로 균형 잡힌 포메이션을 유지하자.

원칙 7

▶ 아웃사이드 플레이어의 원칙
패서의 자세도 고려하며 움직인다

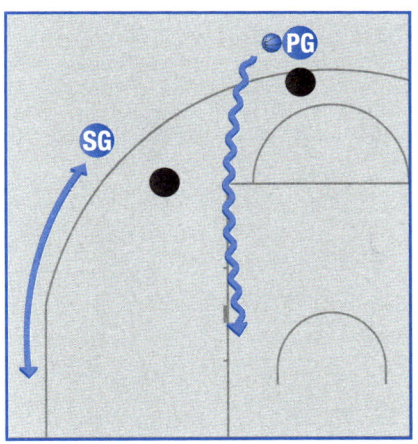

톱에서의 드라이브에 연계할 경우 윙의 선수는 일단 코너로 움직이지만, 드라이브가 저지당했을 경우에 윙으로 돌아온다. 이것은 패스 코스를 만드는 동시에 드리블러가 자연스러운 자세로 패스할 수 있도록 하기 위함이다. 패서가 패스하기 용이한 곳이 어디인지도 고려하자.

원칙 8

▶ 아웃사이드 플레이어의 원칙
제2, 제3의 패스 코스를 확보한다

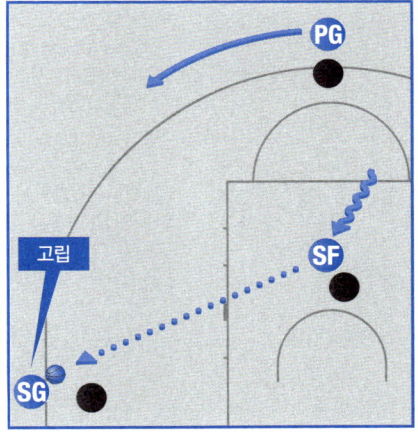

아웃사이드 플레이어는 각자가 거리의 균형을 유지하면서 최대한 많은 패스 코스를 확보하는 것이 중요하다. 그림에서는 SG가 SF의 드라이브에 연계해 코너까지 내려갔는데, PG가 톱에 계속 머물러 있으면 SG에게 패스가 넘어갔을 때 고립되고 만다. 그러므로 PG는 반드시 윙까지 슬라이드해 다음 패스 코스를 확보하자.

PART 6 연계 플레이의 움직임

톱에서의 드라이브에 연계 ①

더블 로포스트의 진형에서, 톱에서의 드라이브에 연계한다

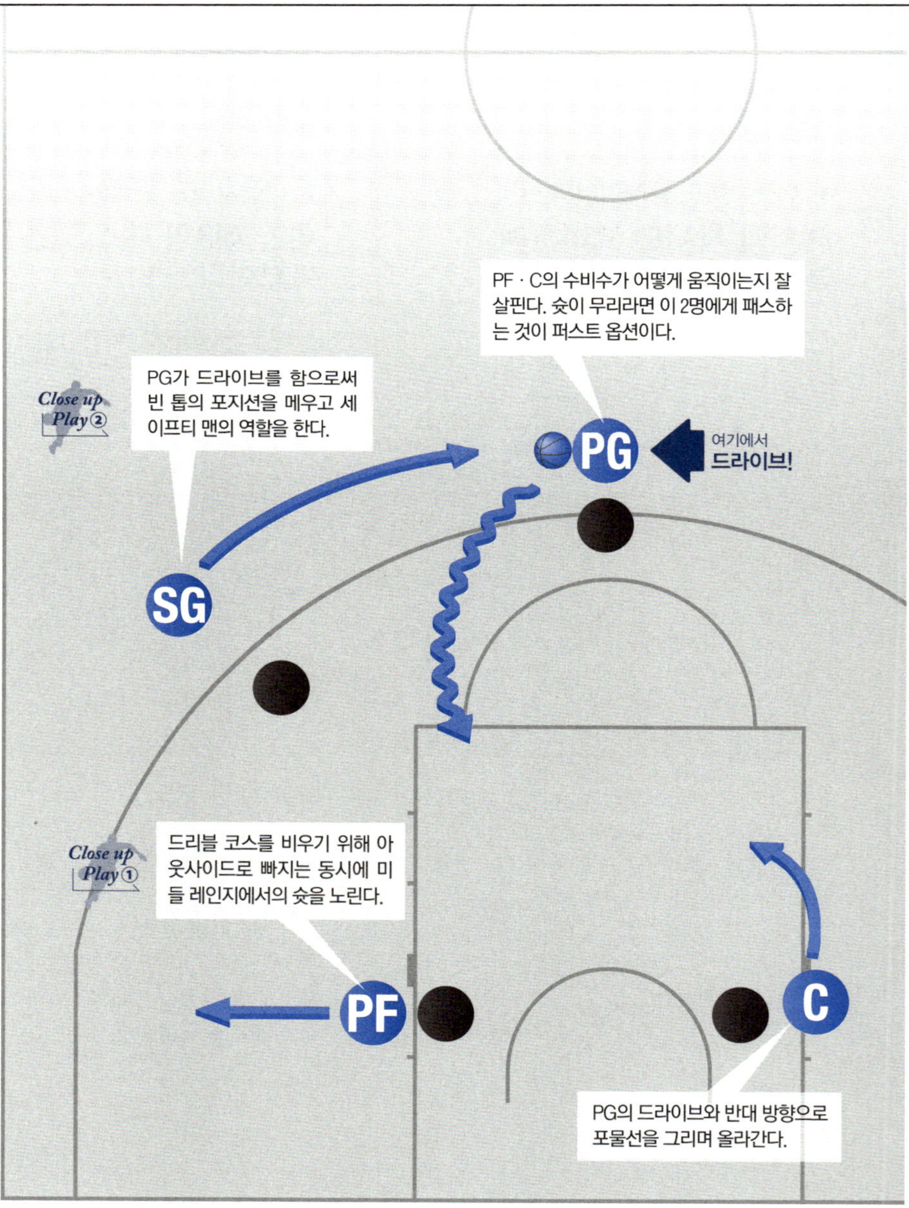

PF·C의 수비수가 어떻게 움직이는지 잘 살핀다. 슛이 무리라면 이 2명에게 패스하는 것이 퍼스트 옵션이다.

Close up Play ②
PG가 드라이브를 함으로써 빈 톱의 포지션을 메우고 세이프티 맨의 역할을 한다.

여기에서 드라이브!

Close up Play ①
드리블 코스를 비우기 위해 아웃사이드로 빠지는 동시에 미들 레인지에서의 슛을 노린다.

PG의 드라이브와 반대 방향으로 포물선을 그리며 올라간다.

152

▶ **코트의 상황**

아웃사이드에 3명, 인사이드에 2명인 상황. 로포스트에 2명이 포지셔닝하고 있다. 여기에서는 톱에서의 드리블 코스를 확보하면서 연계 플레이의 움직임을 조합할 수 있느냐가 포인트다.

코너로의 연계 플레이를 노리지만, PG가 깊은 위치에서 멈췄을 경우는 윙으로 돌아간다.

Close up Play ① PF는 아웃사이드로 빠져서 수비를 유인한다

PF가 아웃사이드로 빠지는 움직임에는 두 가지 목적이 있다. 수비수가 자신에게 따라붙었을 경우에는 드리블 코스를 비울 수 있고, 수비수가 남아서 헬프를 간 경우는 미들 레인지에서 노 마크가 될 수 있다. 상대로서도 수비하기 매우 까다로운 움직임이다.

Close up Play ② SG는 PG가 자신의 앞을 통과한 뒤에 세이프티를 위해 들어간다

SG는 세이프티 맨으로서 톱까지 올라가는 것이 원칙이지만, 그와 동시에 PG의 드라이브가 실패했을 때 공을 뺄 가장 안전한 패스 코스임을 의식해야 한다. 드라이브가 막힌 PG에게 "뒤쪽!"이라고 외칠 수 있도록 하자.

선수의 움직임 →
볼의 움직임 ┄┄┄►
드리블의 움직임 〰〰►
스크린의 움직임 ━━┫

PART 6 연계 플레이의 움직임

톱에서의 드라이브에 연계②

4아웃 1인에서 톱에서의 드라이브에 연계한다

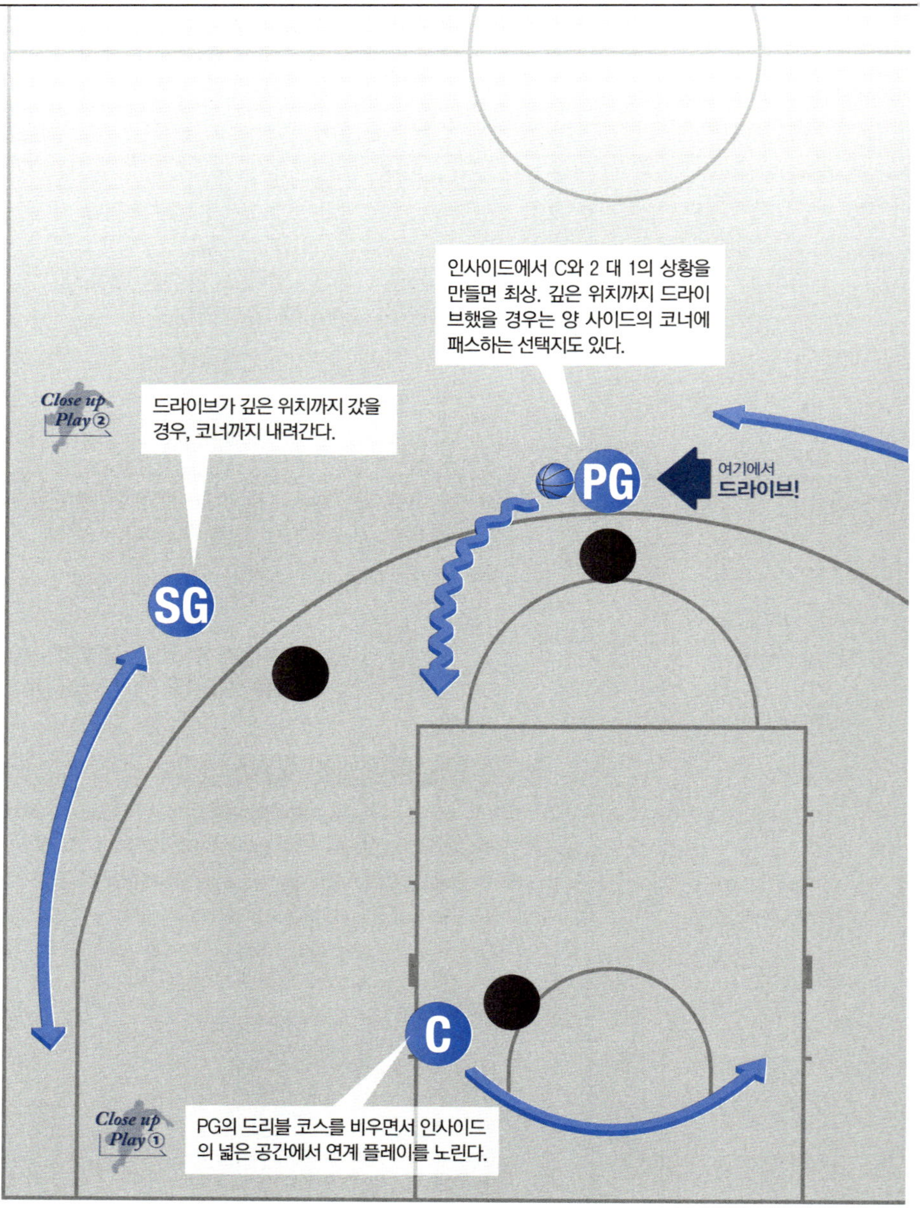

인사이드에서 C와 2 대 1의 상황을 만들면 최상. 깊은 위치까지 드라이브했을 경우는 양 사이드의 코너에 패스하는 선택지도 있다.

Close up Play ② 드라이브가 깊은 위치까지 갔을 경우, 코너까지 내려간다.

여기에서 드라이브!

Close up Play ① PG의 드리블 코스를 비우면서 인사이드의 넓은 공간에서 연계 플레이를 노린다.

▶ 코트의 상황

PF가 밖으로 빠져 아웃사이드에 4명이 있는 상황이다. 인사이드가 넓게 비어 있으니 드라이브를 한 PG는 C와 연계하는 움직임으로 2 대 1의 상황을 만들어 내자.

PF가 코너에 있으므로 세이프티로서 톱으로 이동한다. 드라이브가 자신의 앞을 통과할 때까지는 윙에서 대기하자.

드라이브의 위치에 맞춰 코너 부근을 오르내리며 패스 코스를 확보하도록 노력하자.

Close up Play ① C는 드리블 코스를 비우면서 인사이드에서 승부한다

C는 코스를 비우면서 골밑으로 돌아 들어가는 것이 원칙이다. 마크가 헬프를 갔을 경우는 골대 부근에서 2 대 1의 상황이 된다. 앞의 내용(152쪽)처럼 밖으로 빠지면 인사이드의 공간을 이용할 수 없을 뿐만 아니라 SG의 움직임과 중복되니 주의하자.

Close up Play ② SG는 드라이브의 높이에 맞춰 슬라이드한다

SG는 드라이브에 맞춰서 코너까지 슬라이드를 하는데, PG의 드라이브가 도중에 저지당했을 경우 SG는 원래 있던 윙으로 돌아가는 것이 바람직하다. 코너에 있으면 패스 코스나 PG의 패스 자세가 나빠지기 때문에 차단당하기 쉽다.

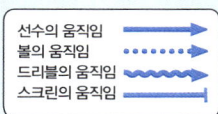
선수의 움직임
볼의 움직임
드리블의 움직임
스크린의 움직임

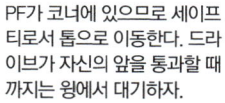

PART 6 연계 플레이의 움직임

톱에서의 드라이브에 연계③
볼 스크린으로 시작하는 드라이브에 연계한다

Close up Play ①
PF의 스크린을 이용해 드라이브를 시작한다. 코스가 비어 있으므로 상대의 대응이 늦다면 그대로 레이업 슛을 하자.

여기에서 드라이브!

드라이브의 위치에 맞춰 슬라이드한다. 드라이브가 멈췄으면 윙까지 돌아간다.

안으로 달려드는 픽 앤드 롤도 생각할 수 있지만, 여기에서는 바깥으로 빠져 세이프티 맨이 된다.

Close up Play ②
수비의 움직임을 보고 어느 한 쪽으로 움직인다.

▶ 코트의 상황

아웃사이드에 3명, 인사이드에 2명인 포메이션에서 PF가 톱까지 올라가 스크린을 건 상황. 변칙적인 포지셔닝에서 균형 잡힌 연계 플레이의 형태를 만들자.

Close up Play ① PF가 밖으로 빠져서 리스크를 관리한다

공에 대한 스크린이라고 하면 픽 앤드 롤도 선택할 수 있지만, 이 상황에서는 안으로 롤을 하면 세이프티 맨이 없게 될 우려가 있다. 가능하면 밖으로 빠져 세이프티 맨이 되어 리스크 관리를 우선하자.

Close up Play ② C는 수비의 움직임에 따라 움직일 방향을 결정한다

C는 상대 수비가 드라이브 코스로 헬프를 갈 경우 밖으로 빠짐으로써 자유로워질 수 있다. 한편 수비수가 C 자신과 드라이브하는 PG 양쪽을 마크하는 중간 포지션을 잡을 경우에는 PG가 드라이브하는 경로의 반대 방향으로 움직여 수비를 떼어내자.

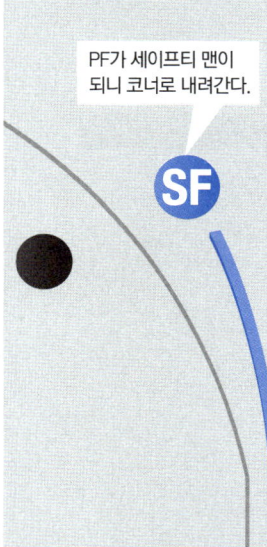

PF가 세이프티 맨이 되니 코너로 내려간다.

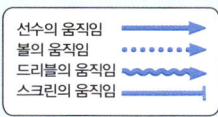

선수의 움직임
볼의 움직임
드리블의 움직임
스크린의 움직임

응용 1   톱에서의 드라이브에 연계③ ▶ 드라이브 후의 움직임 1

SG에게 패스했을 경우

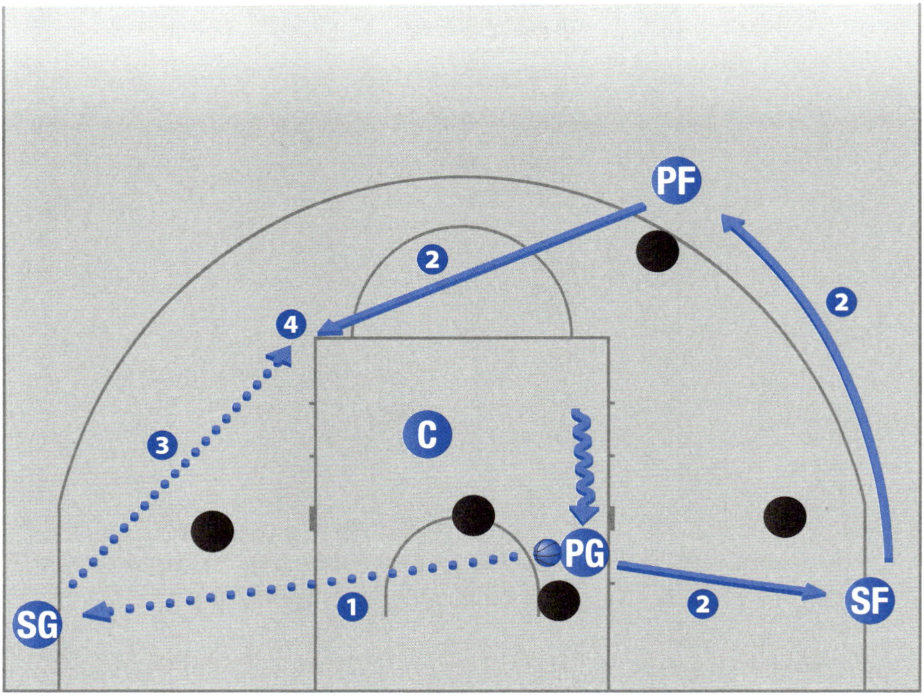

[코트 다이어그램]

각 포지션의 움직임

① 드라이브한 PG는 반대 사이드 코너의 SG에게 패스한다.
② PG는 그대로 코너로 이동한다. SF는 윙까지 올라가고, PF는 하이포스트의 공간으로 달려든다.
③ SG는 이동한 PF에게 패스한다.
④ PF는 슛을 노린다.

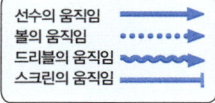

선수의 움직임
볼의 움직임
드리블의 움직임
스크린의 움직임

 Close up Play   드라이브 후에는 높은 위치에 기회가 생긴다

드라이브가 깊어지면 높은 위치에 공간이 생길 확률이 높아진다. 그러므로 코너로 패스한 뒤에 높은 위치로 공을 돌리는 것이 정석이다. 이 경우는 하이포스트 부근의 공간에서 PF가 슛을 노릴 수 있다.

| 응용 2 | 톱에서의 드라이브에 연계③ ▶ 드라이브 후의 움직임 2
SF에게 패스했을 경우

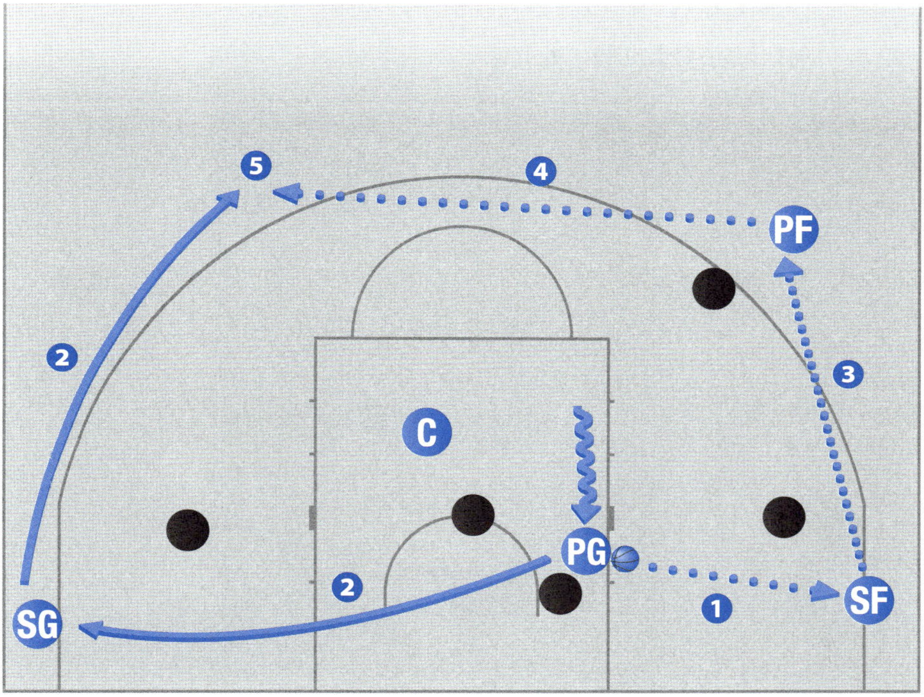

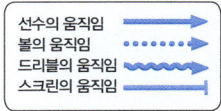

각 포지션의 움직임

① PG는 코너의 SF에게 패스한다.
② PG는 그대로 반대 사이드까지 이동하고, SG는 윙으로 올라간다.
③ SF는 PF에게 패스한다.
④ PF는 올라온 SG에게 패스한다.
⑤ SG는 슛을 노린다.

선수의 움직임
볼의 움직임
드리블의 움직임
스크린의 움직임

 아웃사이드로 패스를 전개해 3점 슛을 노린다

드라이브 후 코너로 패스 아웃을 한 상황. SF가 이대로 슛을 노리기는 어렵지만, 재빨리 패스를 연결해 반대 사이드까지 전개할 수 있다면 3점 슛의 기회가 생긴다. 제2, 제3의 패스를 미리 예측하고 움직일 수 있느냐가 열쇠가 된다.

PART 6 연계 플레이의 움직임

윙에서의 드라이브에 연계①

더블 로포스트의 진형에서 윙에서의 드라이브에 연계한다

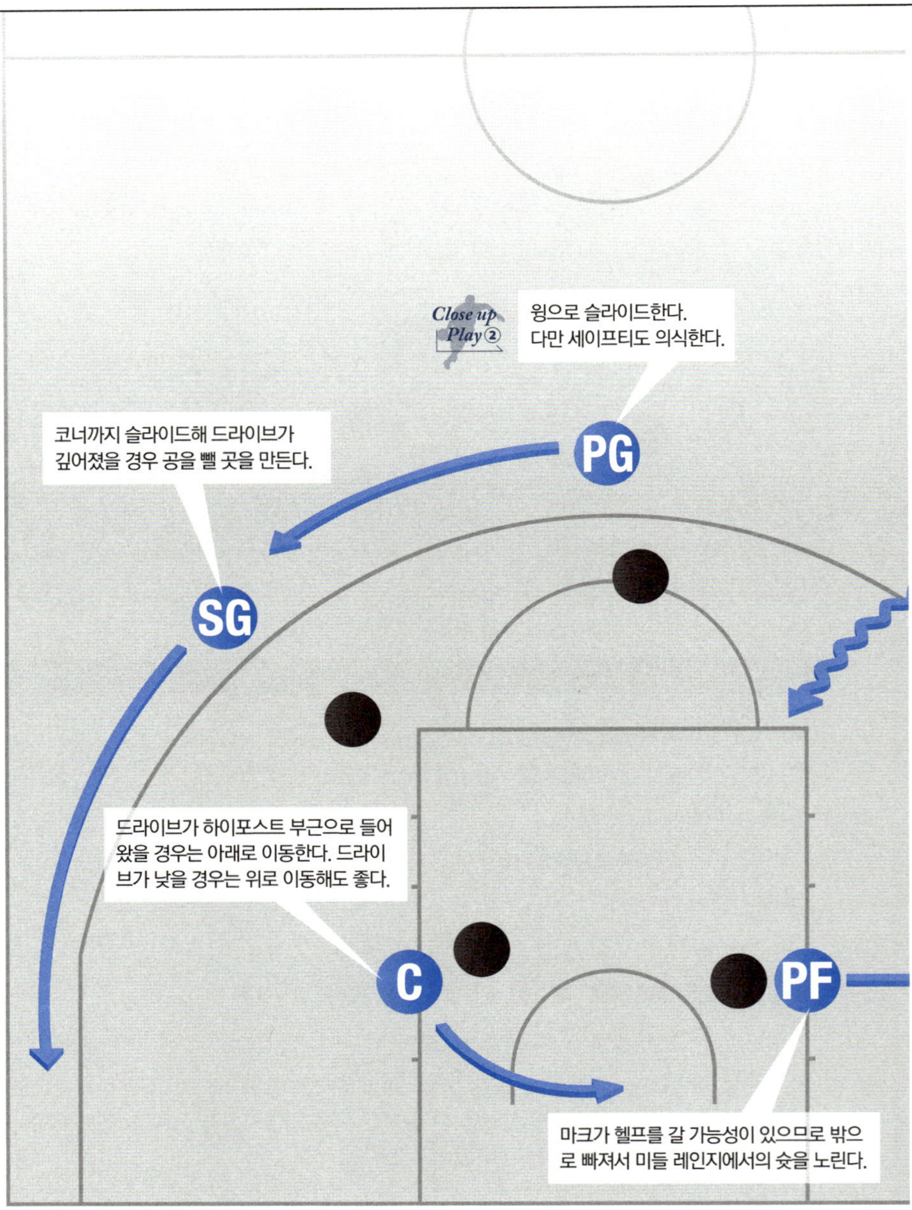

Close up Play ②

윙으로 슬라이드한다.
다만 세이프티도 의식한다.

PG

코너까지 슬라이드해 드라이브가
깊어졌을 경우 공을 뺄 곳을 만든다.

SG

드라이브가 하이포스트 부근으로 들어
왔을 경우는 아래로 이동한다. 드라이
브가 낮을 경우는 위로 이동해도 좋다.

C   **PF**

마크가 헬프를 갈 가능성이 있으므로 밖으
로 빠져서 미들 레인지에서의 슛을 노린다.

160

▶ 코트의 상황

아웃사이드에 3명, 로포스트에 2명이 있는 상황에서 윙에 위치한 SF가 드라이브. 빈 공간이 없고 드라이브의 코스가 제한적이므로 확실한 연계 플레이의 움직임을 선택하자.

Close up Play ① 공간을 생각해 드라이브 방향을 결정한다

SF가 엔드 라인 쪽으로 드라이브를 시도하면 공간이 좁을 뿐만 아니라 패스를 뺄 장소도 없기 때문에 드라이브가 멈췄을 경우 매우 어려운 상황이 된다. 넓게 열린 방향으로 드라이브를 한다는 원칙대로 톱 쪽으로 드라이브하자.

Close up Play ② PG가 SF의 위치로 들어가면 패스 돌리기의 리스크를 가져온다

PG는 SF가 있었던 윙을 메우는 움직임도 생각할 수 있지만, 그럴 경우 코너로 내려간 SG가 고립되어 버린다. SG 쪽의 윙으로 이동하면 패스를 뺄 장소와 함께 SG로부터의 패스 코스도 확보할 수 있다. 제2의 패스 코스도 생각하며 움직이는 것이 중요하다.

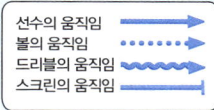

선수의 움직임
볼의 움직임
드리블의 움직임
스크린의 움직임

PART 6 연계 플레이의 움직임

윙에서의 드라이브에 연계②

하이 & 로포스트의 진형에서 윙에서의 드라이브에 연계한다

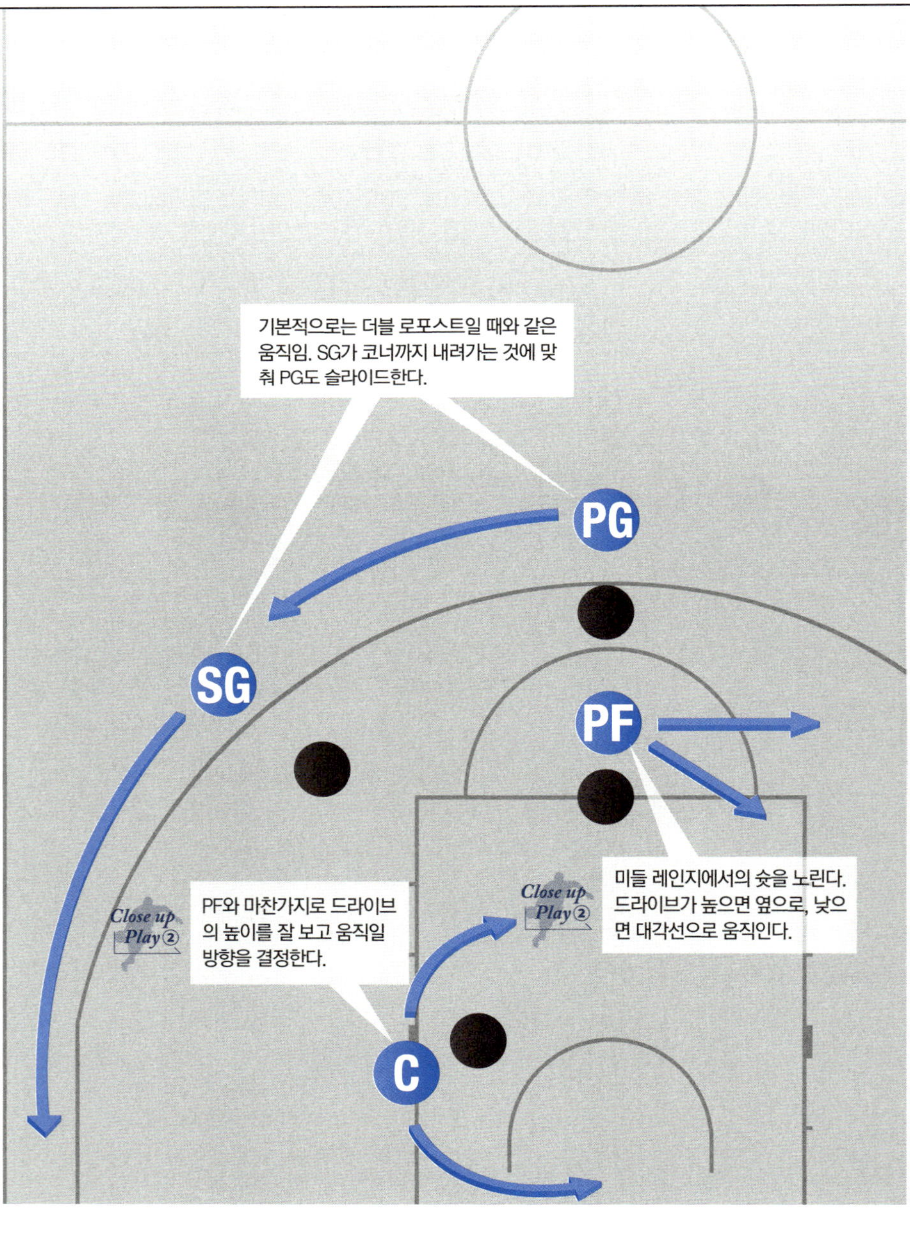

기본적으로는 더블 로포스트일 때와 같은 움직임. SG가 코너까지 내려가는 것에 맞춰 PG도 슬라이드한다.

Close up Play ②
PF와 마찬가지로 드라이브의 높이를 잘 보고 움직일 방향을 결정한다.

Close up Play ②
미들 레인지에서의 슛을 노린다. 드라이브가 높으면 옆으로, 낮으면 대각선으로 움직인다.

▶ 코트의 상황

아웃사이드에 3명, 인사이드에는 하이포스트와 로포스트에 각각 포지셔닝한 상황. 더블 로포스트와 마찬가지로 공간이 없으므로 드라이브 코스와 인사이드 2명의 움직임이 열쇠가 된다.

Close up Play ① 엔드 라인 쪽의 공간을 뚫는다

더블 로포스트에서는 톱 쪽으로 뚫는 것이 원칙이었지만, 하이포스트 & 로포스트의 진형에서는 엔드 라인 쪽의 공간을 뚫는 것이 정석이다. 마음대로 드리블하는 것이 아니라 상황에 따른 냉정한 판단력이 필요하다.

Close up Play ② C와 PF는 드라이브의 높이에 맞춰서 움직인다

PF와 C는 둘 다 드라이브의 높이에 따라 움직이는 방향을 바꾼다. 드라이브가 높을 경우 PF는 옆으로, C는 위로 각각 움직인다. 한편 드라이브가 낮을 경우 PF는 대각선으로, C는 아래로 움직여서 연계하는 것이 원칙이다.

엔드 라인 쪽으로 상대 수비수를 제치고 드라이브한다.

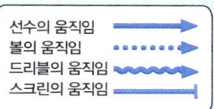

선수의 움직임
볼의 움직임
드리블의 움직임
스크린의 움직임

PART 6 연계 플레이의 움직임

윙에서의 드라이브에 연계③

4아웃 1인에서 윙에서의 드라이브에 연계한다

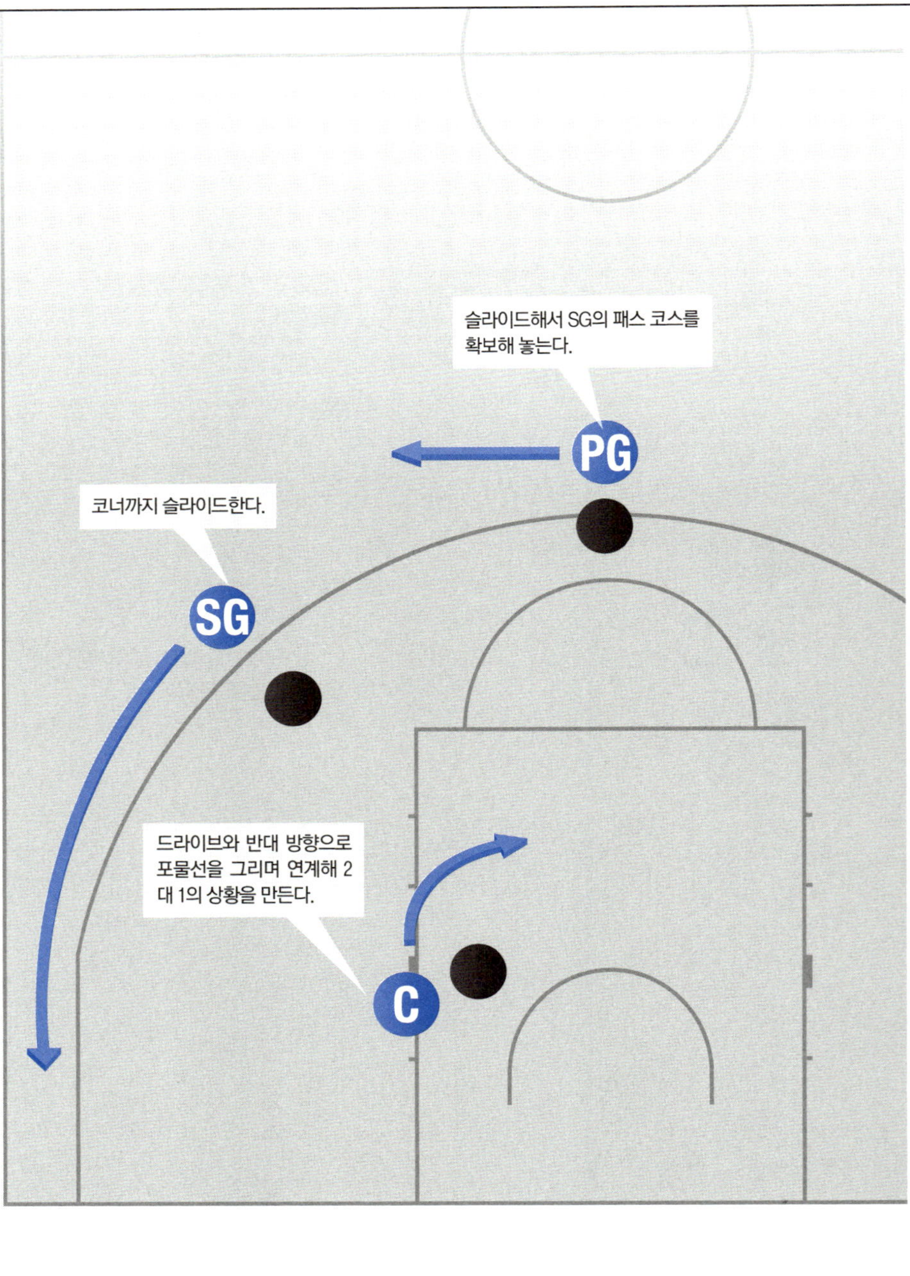

슬라이드해서 SG의 패스 코스를 확보해 놓는다.

코너까지 슬라이드한다.

드라이브와 반대 방향으로 포물선을 그리며 연계해 2대 1의 상황을 만든다.

164

▶ 코트의 상황

아웃사이드에 4명, 인사이드는 로포스트에 포지셔닝한 상황. 윙의 SF가 드라이브를 했다. 인사이드의 공간이나 아웃사이드의 인원수를 활용한 연계 플레이를 노리자.

Close up Play ① 드라이브는 C와 반대 사이드의 윙에서 시작하자

4아웃에서 윙에서의 드라이브를 시도하는 위치는 주로 C가 없는 사이드가 된다. C 쪽은 인사이드에 공간이 없고, 수비가 헬프를 가기 쉽기 때문에 C에게 패스해 포스트 플레이로 이행하는 것이 정석이다.

Close up Play ② 드라이브에 맞추어 패스 코스를 확보한다

윙에서 깊은 위치까지 드라이브를 했을 경우 코너는 패스 코스를 확보하기 용이한 지점이다. 다만 SF의 드라이브가 도중에 멈추면 코너로 패스하기가 어려워지므로 PF는 밖으로 빼는 패스를 하기 쉽도록 위쪽으로 이동하는 것이 원칙이다.

C에게 패스하는 것이 퍼스트 옵션이지만, 4아웃에서는 좌우 코너로 패스해도 슛 성공률이 높다.

여기에서 드라이브!

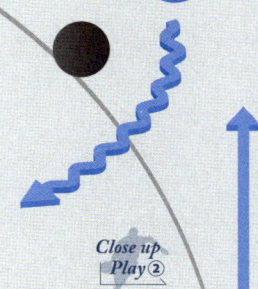

기본은 코너에서 대기. SF의 드라이브가 멈췄으면 위쪽으로 움직인다.

- 선수의 움직임 →
- 볼의 움직임 ┈┈▶
- 드리블의 움직임 ∿∿▶
- 스크린의 움직임 ━━▶

응용 윙에서의 드라이브에 연계③ ▶ 드라이브 후의 움직임

SG에게 패스한 뒤 아웃사이드로 전개한다

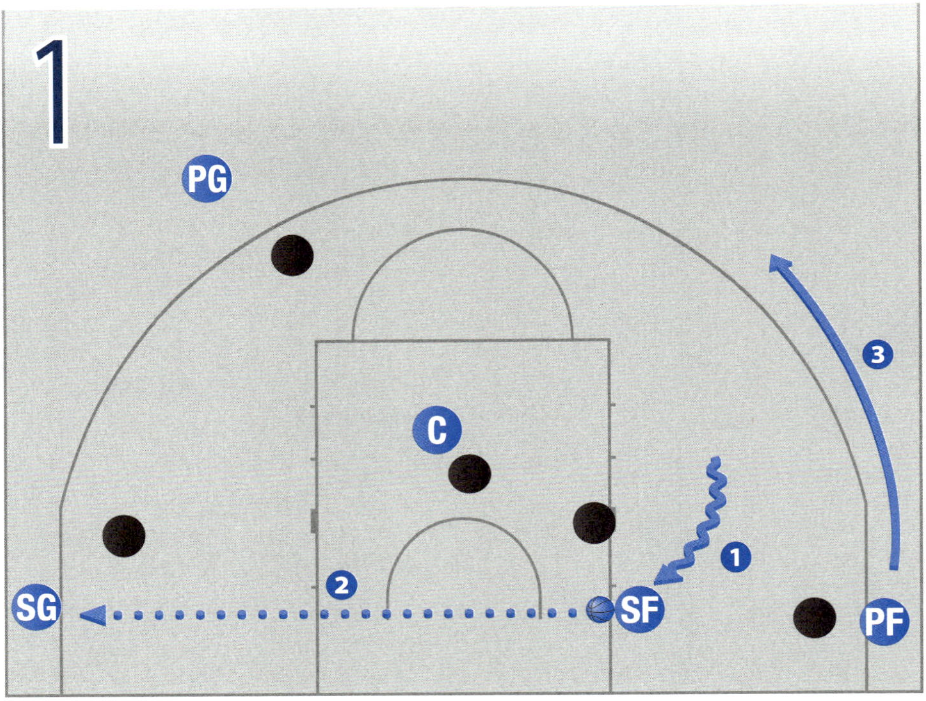

1

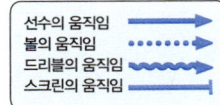

각 포지션의 움직임

① SF는 깊은 위치까지 드라이브한다.
② SF는 코너까지 내려간 SG에게 패스한다.
③ PF는 패스를 보고 윙 부근까지 올라간다.

선수의 움직임	→
볼의 움직임	┅┅▶
드리블의 움직임	〜〜▶
스크린의 움직임	⊢─┤

 패스하는 것을 보고 나서 올라간다

PF가 코너에 있는 이유는 SF가 공을 뺄 길을 확보하기 위함이다. 그러므로 SF가 자신 이외의 동료에게 패스했을 경우는 코너에 있을 의미가 없어진다. SF가 패스하는 것을 확인하면 윙까지 올라가 제3의 패스 코스를 확보하자.

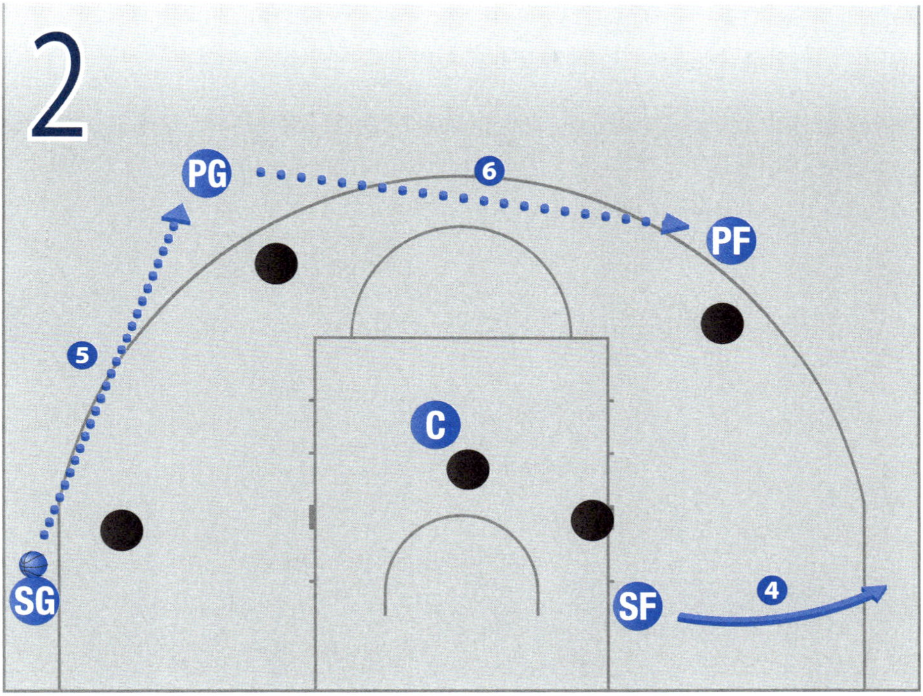

❹ 드라이브를 마친 SF는 코너로 이동한다.

❺ SG는 PG에게 패스한다.

❻ PG는 노 마크라면 슛을 노리고, 수비수가 있으면 반대 사이드의 PF에게까지 패스를 돌린다.

Close up Play

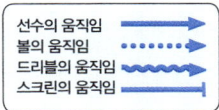

PG는 약간 톱 쪽의 위치에서 기다린다

윙에서 윙으로의 패스는 횡 패스가 되기 때문에 매우 위험하다. PG는 통상적인 윙보다 조금 더 톱 쪽으로 올라간 위치에서 패스를 기다려 반대 사이드까지 올라온 PG로의 안전한 패스 코스를 확보하는 것이 원칙이다.

PART 6 연계 플레이의 움직임

코너에서의 드라이브에 연계①

더블 로포스트의 진형에서 코너에서의 드라이브에 연계한다

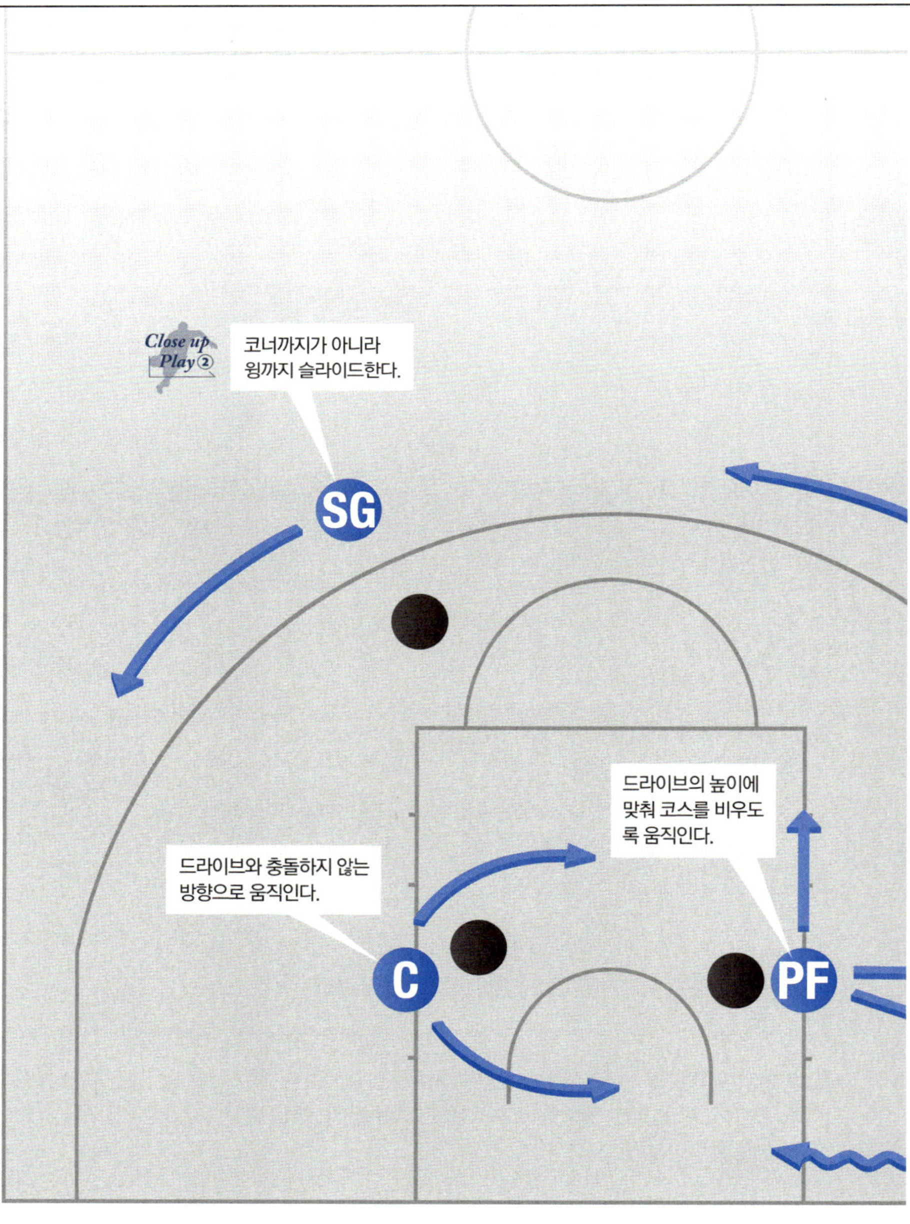

Close up Play ②

코너까지가 아니라 윙까지 슬라이드한다.

SG

드라이브와 충돌하지 않는 방향으로 움직인다.

C

드라이브의 높이에 맞춰 코스를 비우도록 움직인다.

PF

▶ 코트의 상황

3아웃 2인의 포메이션에서 로포스트에 2명이 있는 상황. 이럴 때 코너에서 드라이브를 하는 것은 공간이 없기 때문에 위험하지만 어쩔 수 없이 하게 될 경우, 실수 없는 움직임으로 리스크를 줄이자.

Close up Play ① 리스크가 높기 때문에 좀처럼 하지 않는 드라이브

더블 로포스트의 상황에서, 코너에서 드라이브를 할 경우는 빈 공간이 없을 뿐만 아니라 공을 뺄 곳이 마땅치 않다. 그만큼 턴오버로 이어지기 쉬우므로 자신이 확실히 마무리할 수 있는 상황일 때에만 실행하자.

Close up Play ② SG는 코너까지 내려가지 않고 윙으로 이동한다

이 상황에서는 인사이드에 수비수가 많기 때문에 코너로 공을 빼기가 어렵다. 또 4명이 깊은 위치까지 들어가 버리기 때문에 턴오버가 발생하면 속공으로 연결된다. 윙 부근에서 멈춰 리스크를 줄이도록 하자.

톱으로 이동해 세이프티 맨이 된다.

PG

Close up Play ①
이 상황에서 드라이브를 하는 것은 리스크가 높기 때문에 기본적으로는 삼가는 것이 바람직하다.

여기에서 드라이브!

SF

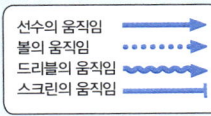

선수의 움직임
볼의 움직임
드리블의 움직임
스크린의 움직임

PART 6 연계 플레이의 움직임

코너에서의 드라이브에 연계②
하이 & 로포스트의 진형에서 코너에서의 드라이브에 연계한다

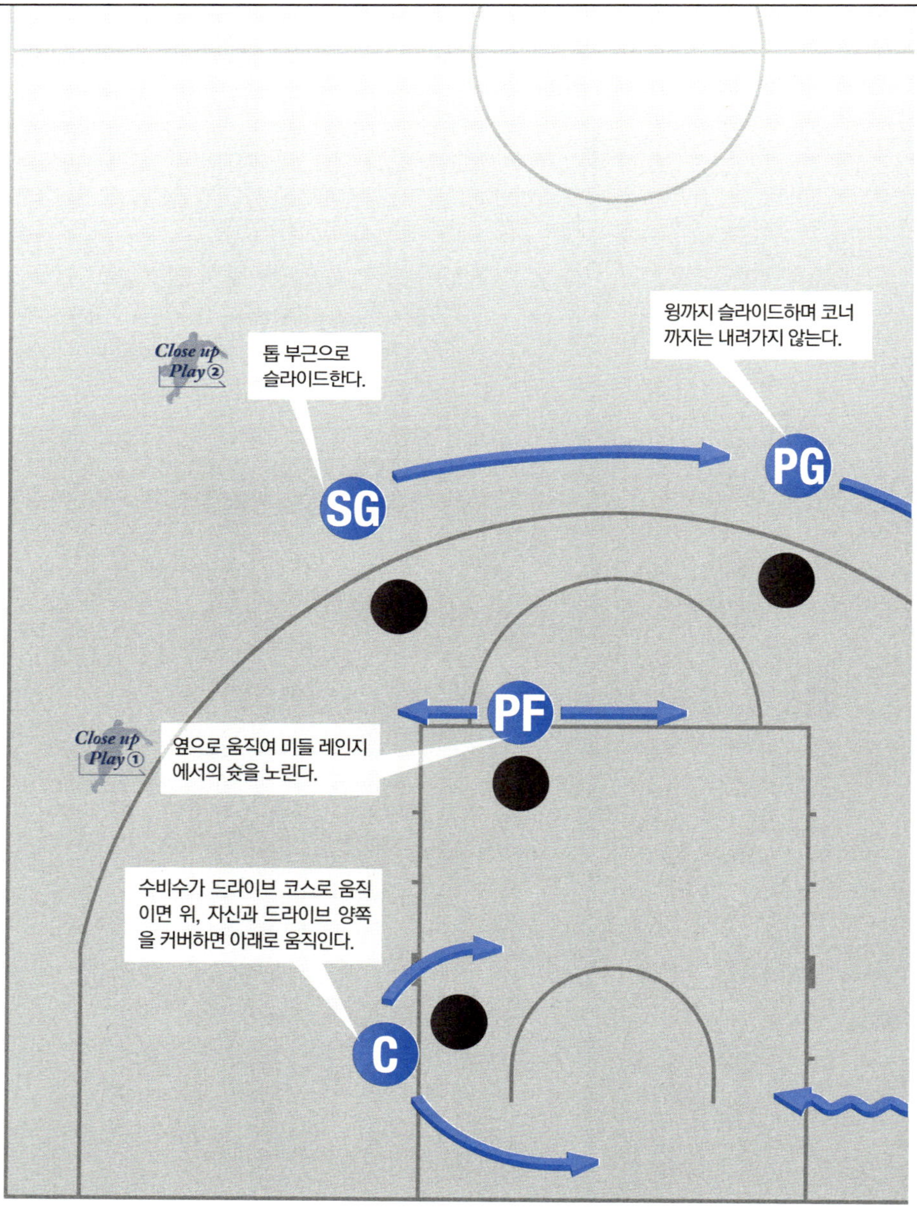

Close up Play ②
톱 부근으로 슬라이드한다.

윙까지 슬라이드하며 코너까지는 내려가지 않는다.

Close up Play ①
옆으로 움직여 미들 레인지에서의 슛을 노린다.

수비수가 드라이브 코스로 움직이면 위, 자신과 드라이브 양쪽을 커버하면 아래로 움직인다.

170

▶ 코트의 상황

아웃사이드에 3명, 인사이드는 하이포스트에 1명, 로 포스트에 1명이 포지셔닝한 상황. 아웃사이드로 패스하기보다 슛이나 인사이드로의 연계 플레이를 중심으로 생각하자.

Close up Play ① PF가 수비 로테이션의 위크 포인트

SF가 드라이브를 하면 먼저 C의 수비수가 헬프를 가며, 이에 맞춰서 PF의 수비수가 C를 마크하는 것이 수비 측의 정석이다. 따라서 기회를 만들기 가장 좋은 포지션은 PF가 된다.

Close up Play ② SG는 C의 움직임을 고려해 코너로 내려가지 않는다

코너에서 드라이브를 할 경우, 반대 사이드의 코너는 안전하게 공을 뺄 수 있는 장소. 다만 이 상황에서 C가 미들 레인지 부근이 아닌 골밑에 위치하고 있다면 SF는 C에 가로막혀 윙으로 패스하기 어려워지므로 SG는 C의 위치를 확인하고 톱 방향 또는 윙으로 슬라이드하는 것이 균형 잡힌 포진이 된다.

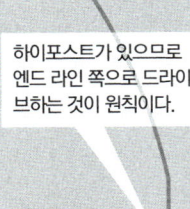

하이포스트가 있으므로 엔드 라인 쪽으로 드라이브하는 것이 원칙이다.

여기에서 드라이브!

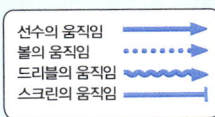

선수의 움직임
볼의 움직임
드리블의 움직임
스크린의 움직임

PART 6 연계 플레이의 움직임 | 171

PART 6 연계 플레이의 움직임

코너에서의 드라이브에 연계③

4아웃 1인에서 코너에서의 드라이브에 연계한다

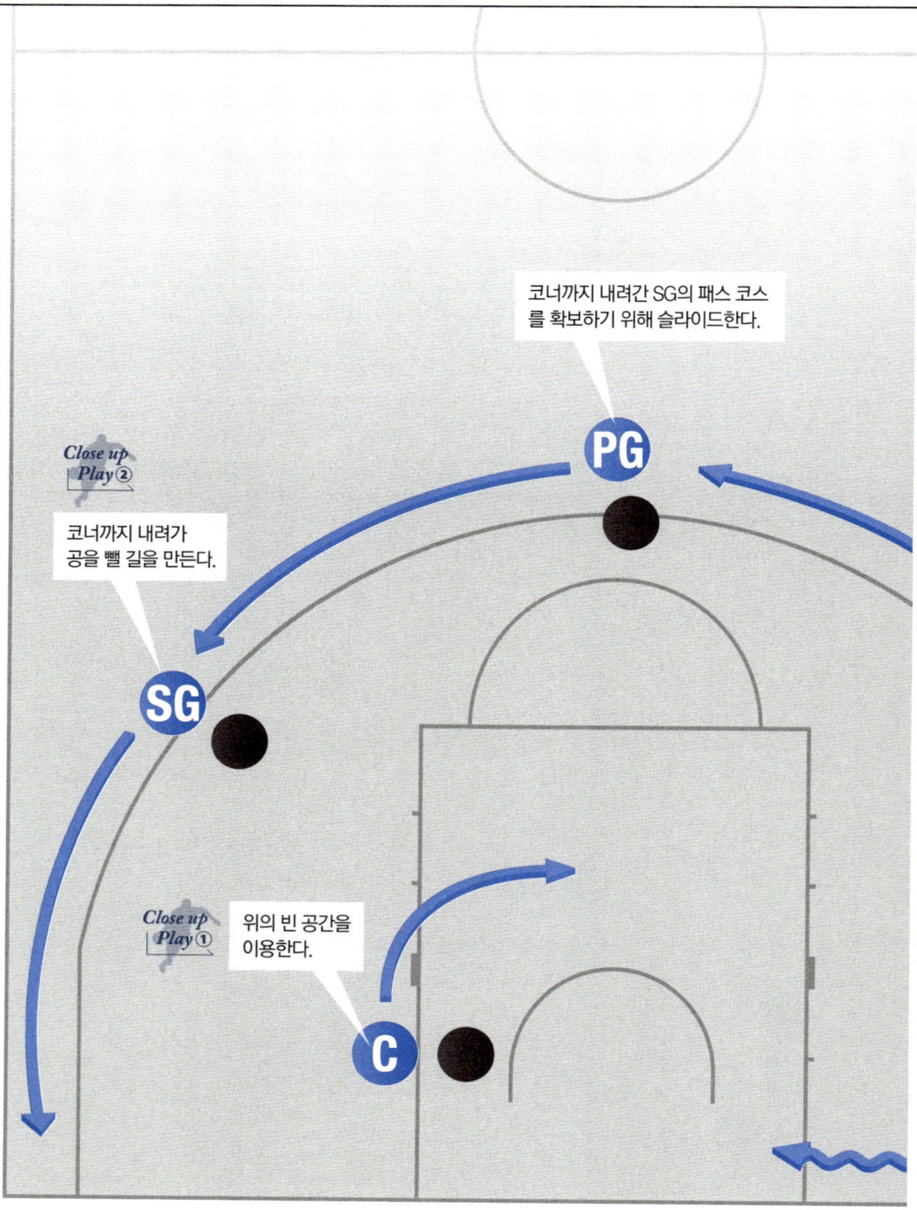

코너까지 내려간 SG의 패스 코스를 확보하기 위해 슬라이드한다.

Close up Play②
코너까지 내려가 공을 뺄 길을 만든다.

Close up Play①
위의 빈 공간을 이용한다.

172

▶ 코트의 상황

아웃사이드에 4명, 인사이드는 반대 사이드의 로포스트에 있는 상황. 코너에서 드라이브한 PF의 선택지는 숏 또는 C에게 패스, 반대 사이드의 코너로 패스, 톱으로 패스하는 것이 된다.

Close up Play ① C는 빈 공간을 찌르면서 패스 코스를 만든다

4아웃의 경우는 인사이드에 넓은 공간이 생긴다. 그러므로 C는 위로 움직여 그 공간을 파고드는 것이 기본이다. 또 위로 움직이면 SG에게 패스할 코스를 만들 수 있기 때문에 아웃사이드로 전개하기도 수월해진다.

Close up Play ② 아웃사이드로의 패스는 반대 사이드의 코너로 패스하는 것이 기본

코너에서의 드라이브는 동료와의 거리나 패스 각도가 나쁘기 때문에 아웃사이드로 패스하기가 어렵다. 비교적 성공률이 높은 위치는 반대 사이드의 코너가 되므로 코너로 내려가는 SG와 연계해 슬라이드하는 것이 원칙이다.

코너에서의 드라이브는 반대 사이드의 코너나 톱이 공을 빼내는 코스가 된다. 톱으로 올라가는 것이 원칙이다.

코너에서의 드라이브는 숏을 노릴 수 있는 상황에서 한다.

여기에서 드라이브!

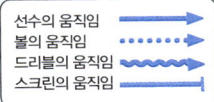

선수의 움직임
볼의 움직임
드리블의 움직임
스크린의 움직임

PART 6 연계 플레이의 움직임

로포스트 플레이어와 연계①

로포스트의 일대일에 연계해 슬라이드한다

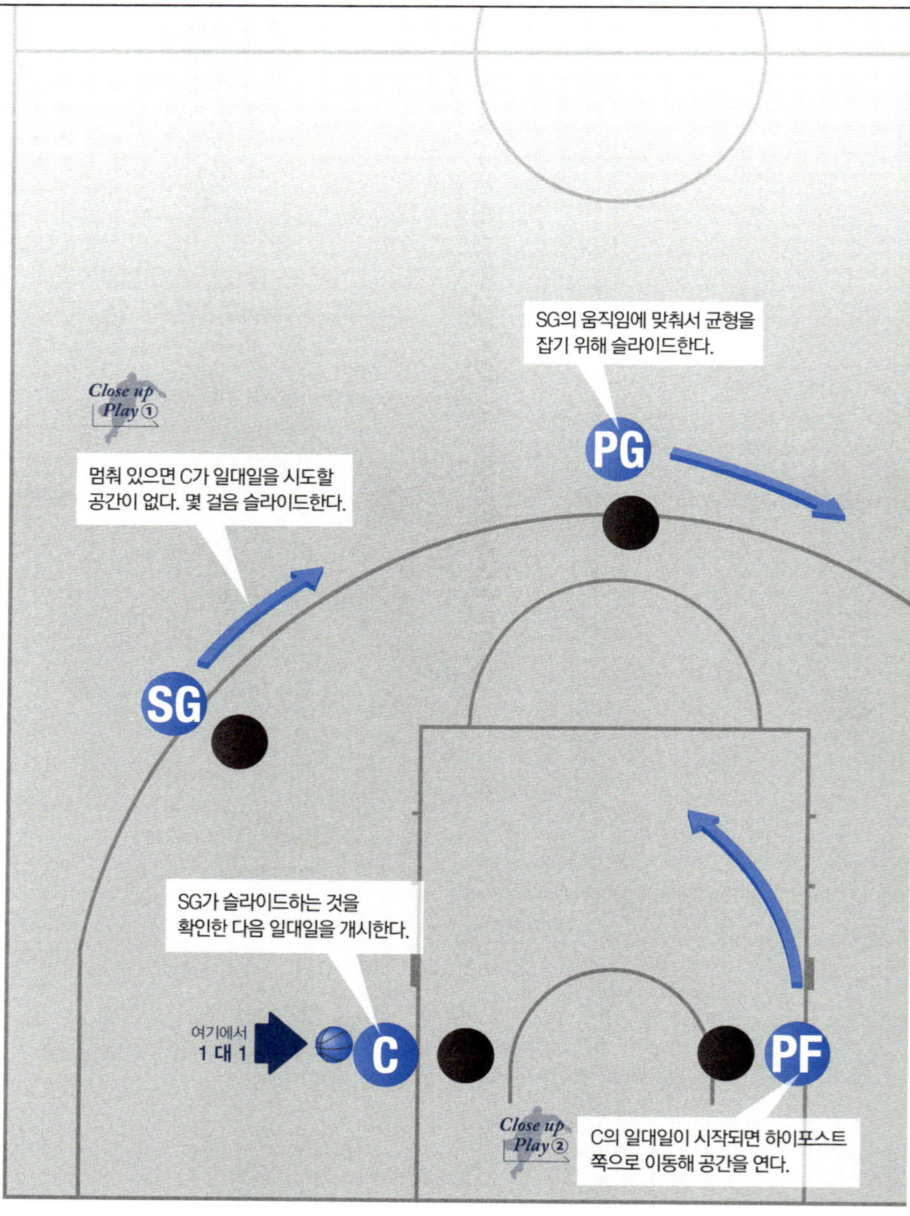

Close up Play ①

멈춰 있으면 C가 일대일을 시도할 공간이 없다. 몇 걸음 슬라이드한다.

SG의 움직임에 맞춰서 균형을 잡기 위해 슬라이드한다.

SG가 슬라이드하는 것을 확인한 다음 일대일을 개시한다.

여기에서 1 대 1

Close up Play ②

C의 일대일이 시작되면 하이포스트 쪽으로 이동해 공간을 연다.

▶ 코트의 상황

아웃사이드에 3명, 인사이드 2명은 모두 로포스트에 포진하고 윙의 SG가 C에게 패스한 상황. 로포스트가 일대일을 할 공간을 만드는 것이 목적이 된다.

Close up Play ① 아웃사이드 플레이어는 슬라이드해 수비가 헬프를 가지 못하게 한다

로포스트에 패스가 들어가도 그 상태에서는 일대일을 시도하기 어렵다. 아웃사이드의 수비수가 헬프를 와서 둘러쌀 우려가 있기 때문이다. 아웃사이드 플레이어는 슬라이드해서 자신의 마크맨을 달고 감으로써 C가 일대일을 하기 용이한 상황을 만들어내자.

Close up Play ② PF는 일대일이 시작된 뒤에 연계하기 위해 움직인다

PF는 아웃사이드 플레이어와 반대로 일대일이 시작된 뒤에 움직이기 시작한다. 먼저 움직이기 시작하면 자신의 마크맨이 C에게 헬프를 가기 쉬우므로 주의가 필요하다. C가 드리블을 시작한 뒤에 움직이는 것이 좋다.

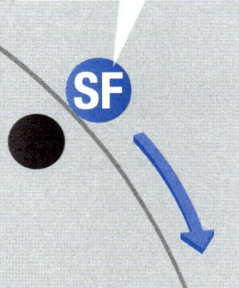

PG와 마찬가지로 균형을 잡기 위해 슬라이드한다.

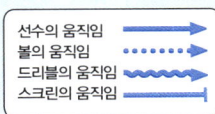

선수의 움직임
볼의 움직임
드리블의 움직임
스크린의 움직임

응용 1

로포스트 플레이어와 연계① ▶ C의 일대일 후의 움직임 1

C의 일대일이 중단되었을 경우

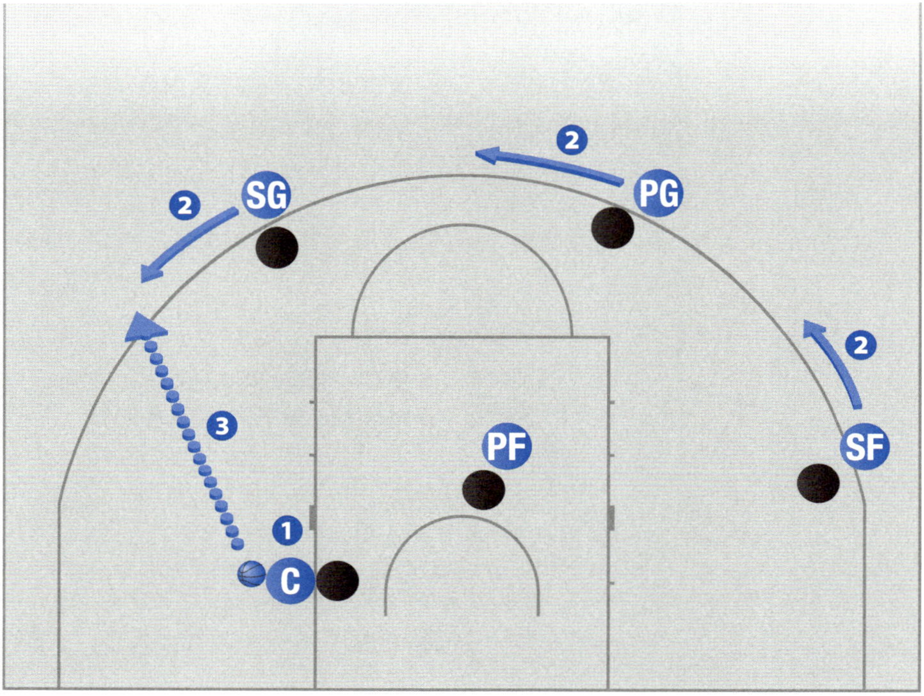

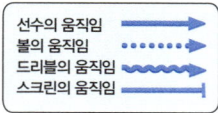

각 포지션의 움직임

❶ C가 슛이나 패스를 하지 못하고 드리블을 멈췄다.

❷ 일대일이 멈춘 것을 확인한 SG, PG, SF는 다시 슬라이드해서 원래의 위치로 돌아간다.

❸ C는 슬라이드한 SG에게 리턴 패스를 한다. SG는 드라이브나 패스 돌리기로 다시 공격을 진행한다.

선수의 움직임	──▶
볼의 움직임	┈┈▶
드리블의 움직임	∼∼▶
스크린의 움직임	──┤

 원래의 위치로 돌아와 패스 코스를 확보한다

C의 드리블이 멈춰서 일대일이 실패하면 동료에 대한 패스 코스가 없어진다. 이대로는 공을 빼앗길 위험이 있으므로 아웃사이드 플레이어는 원래의 위치로 돌아와 C가 공을 뺄 수 있는 길을 확보하는 것이 포인트다.

응용 2

로포스트 플레이어와 연계① ▶ C의 일대일 후의 움직임 2

C의 일대일이 계속될 경우

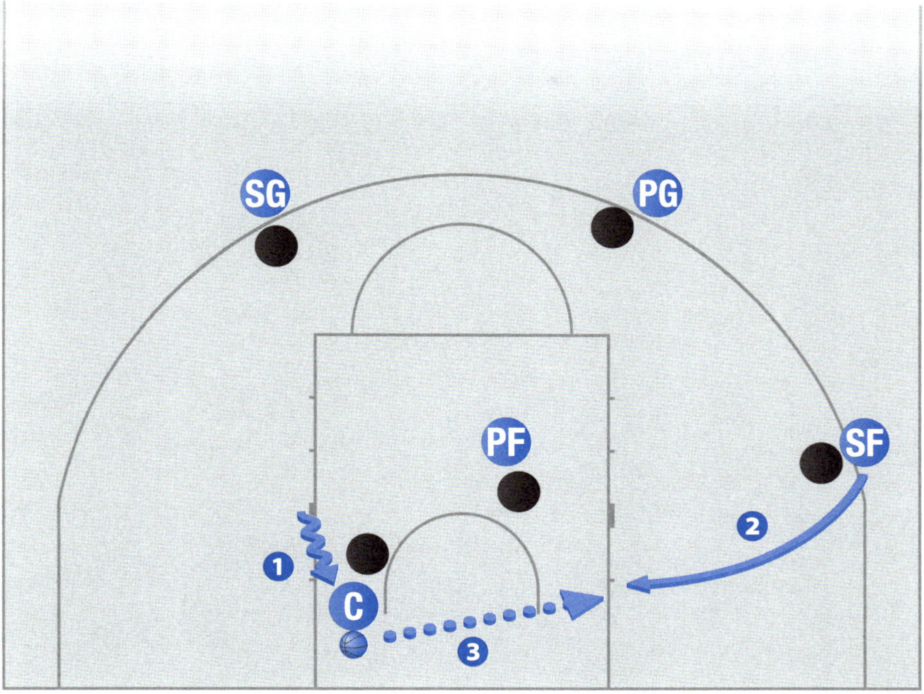

각 포지션의 움직임

❶ C는 일대일에서 수비수를 밀어붙이고 엔드 라인 방향으로 턴했다.

❷ SF는 PF가 움직여서 생긴 공간으로 달려든다.

❸ C는 그대로 슛을 노리거나 슛이 무리라면 SF와의 연계 플레이를 노린다.

Close up Play

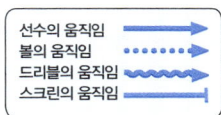

PF가 움직인 공간을 파고드는 것이 정석

C가 일대일로 상대를 밀어붙였을 경우, PF가 위로 움직여서 생긴 공간이 상대의 위크 포인트가 된다. C가 그대로 슛을 던지기 어려울 것 같으면 SF가 달려들어 패스를 받는 것이 정석이라고 할 수 있다.

PART 6 연계 플레이의 움직임

로포스트 플레이어와 연계한다②
로포스트의 일대일에 연계해 컷한다

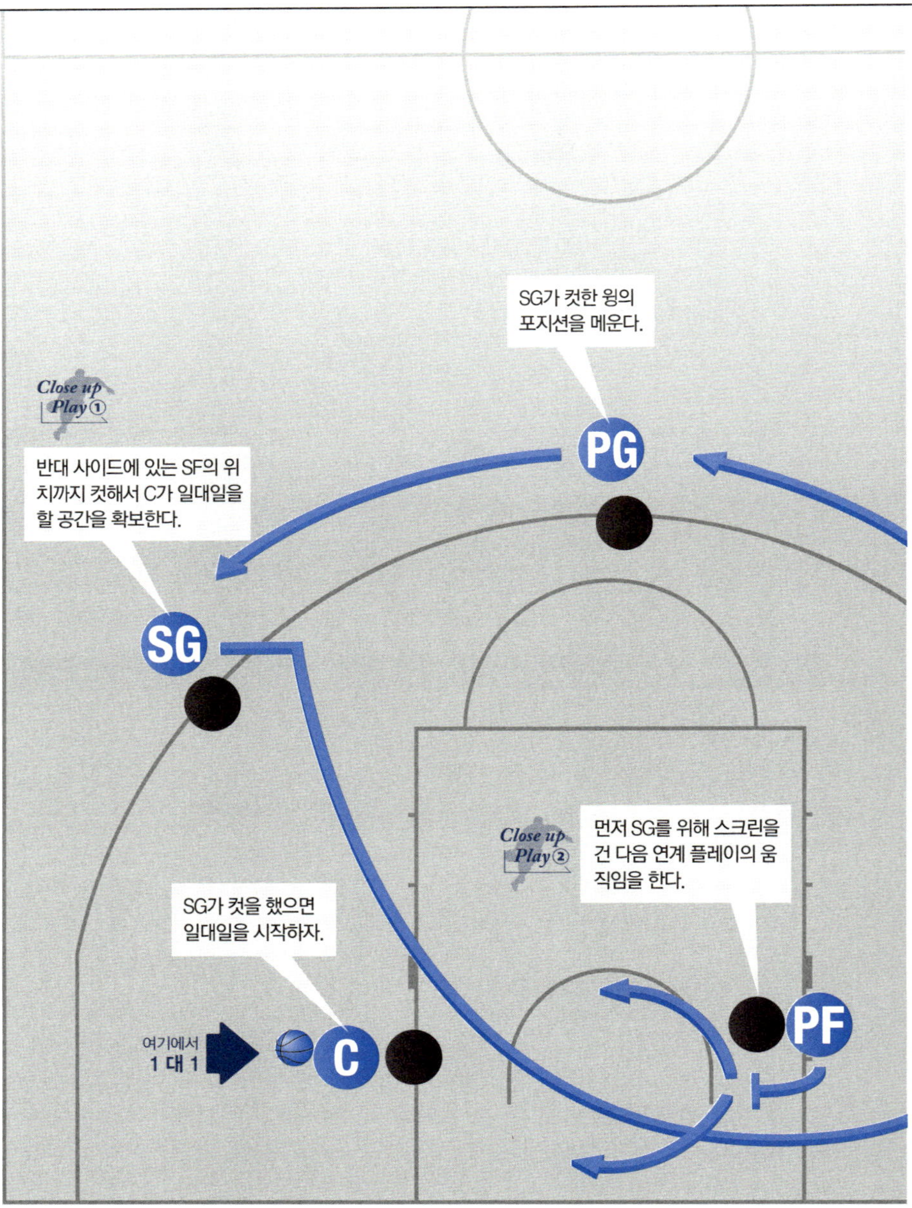

Close up Play ①
반대 사이드에 있는 SF의 위치까지 컷해서 C가 일대일을 할 공간을 확보한다.

SG가 컷한 윙의 포지션을 메운다.

Close up Play ②
먼저 SG를 위해 스크린을 건 다음 연계 플레이의 움직임을 한다.

SG가 컷을 했으면 일대일을 시작하자.

여기에서 1 대 1

▶ 코트의 상황

앞(174쪽)과 같은 더블 로포스트의 상황. C가 일대일을 할 공간을 만든다는 개념은 같지만, 슬라이드가 아니라 컷으로 움직이는 패턴이다. 이 역시 효과적인 연계 플레이다.

크게 컷을 해 수비를 움직이게 한다

패스를 한 뒤에 크게 컷을 하기 때문에 슬라이드를 할 때보다 수비가 헬프를 가기 어려워진다는 것이 이 연계 플레이의 이점이다. 다만 움직임이 큰 만큼 포지션 이동에 시간이 걸린다는 점도 염두에 두자.

PF는 SG를 위해 스크린을 건 다음 움직인다

PF는 먼저 컷을 한 SG를 위해 스크린을 건다. 그 후 일대일을 시작한 C와 연계하자. 포인트는 움직이는 방향이다. C의 일대일에 방해가 되지 않도록 턴한 방향과 반대로 움직이는 것이 원칙이다.

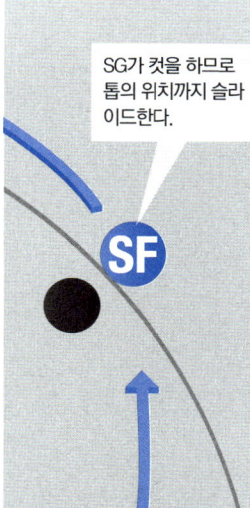

SG가 컷을 하므로 톱의 위치까지 슬라이드한다.

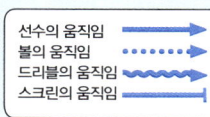

선수의 움직임
볼의 움직임
드리블의 움직임
스크린의 움직임

농구 용어 다시보기

턴오버 Turn over
실책으로 인한 공격권 이전을 의미한다. 드리블 도중 가로채기를 당하거나 패스미스를 했을 때도 기록된다.

톱 Top
3점 슛 라인의 상단 부근 지역을 가리킨다. 아웃사이드 플레이어의 기본적인 포지셔닝 중 하나다.

투 맨 게임 Two men's game
호흡이 맞는 2명의 선수가 픽 앤드 롤, 픽 앤드 팝 등 유기적인 움직임을 펼치는 플레이로 득점을 노리는 공격 전술이다.

트래블링 Traveling
공을 잡고 있는 도중에 허용된 것보다 더 많이 걸음을 걷는 위반 행위. 상대 팀의 스로인으로 경기가 재개된다.

파울 작전
고의적인 파울로 시간의 진행을 멈추는 전술. 뒤지고 있는 상황에서 남은 시간이 얼마 없을 때 사용한다. 상대 선수의 자유투가 실패할 경우 실점을 하지 않고 공격권을 찾아오는 이득을 노린다.

패스 아웃 Pass out
포스트 플레이어 등이 인사이드에서 아웃사이드로 보내는 패스. 수비진을 흔드는 효과가 높다.

포스트 업 Post up
포스트 플레이를 하기 위해 제한 구역 부근에서 포지셔닝을 하는 것. 상대를 등지고 몸으로 블록하는 것이 기본이다.

포스트 플레이 Post play
신장이 큰 선수를 상대의 제한구역에 배치해 집중적으로 패스를 전달하여 득점을 노리는 플레이. 높은 위치를 하이포스트, 엔드 라인 부근을 로포스트라고 부른다.

PART 7
속공을 전개하는 방법

속공에는 하프 코트 오펜스와 전혀 다른 특수한 원칙이 존재한다. 플레이할 수 있는 시간과 인원수가 제한적인 가운데 상황을 정확히 판단해 득점하기 위해서는 동료의 수와 상대 진형에 따라 수비를 무너트리는 방법을 정리하고 이해해 둘 필요가 있다.

PART 7 속공을 전개하는 방법

기본 개념과 기초 지식
속공을 전개하는 방법의 기본을 살펴보자

 속공을 전개하는 방법을 이해하기 위한 세 가지 요소

속공은 동료 선수들의 위치와 상대 팀의 수비 관계에 따라 마무리의 형태가 결정된다. 그 형태를 확실히 만들기 위해서는 정확한 레인 선정과 상대의 진형을 파악하는 능력이 중요하다.

1 상대 진영으로 달리는 레인
레인(Lane)이란 달리는 코스를 의미한다. 자기 진영에서 상대의 진영으로 향하는 레인에는 포지션별로 일정한 원칙이 있다. 적절한 레인을 지키는 것이 속공 성공의 대전제다.

2 수비의 숫자와 위치
상대 진영으로 향하면서 수비진의 복귀 상황을 확인한다. 수비가 몇 명이고 어떤 위치에 있느냐에 따라 공략 방법이 달라진다.

3 수비의 수를 줄여 나간다
3 대 3보다는 3 대 2나 2 대 1일 때 득점 성공률이 높다. 속공은 패스를 통해 상대를 움직이게 함으로써 공에 대응할 수 있는 수비의 수를 줄여 가는 작업이다. 최종적으로는 1 대 0을 목표로 삼자.

속공에는 이런 패턴이 있다!

속공을 할 때 주로 맞이하는 상황은 4 대 3, 3 대 3, 3 대 2이다. 속공을 하기 위해 상대 진영으로 들어가는 패턴에는 여러 가지가 있지만, 기본이 되는 이 세 가지 패턴에 속공의 핵심이 담겨 있으니 확실히 자기 것으로 만들어 보자.

3 대 2의 속공

3 대 2의 속공은 상대의 위치 관계가 가로인가에 세로인가 따라 수비를 무너트리는 방법이 달라진다. 상대의 포메이션에 따라 적절한 방법을 선택할 수 있도록 연습하자.

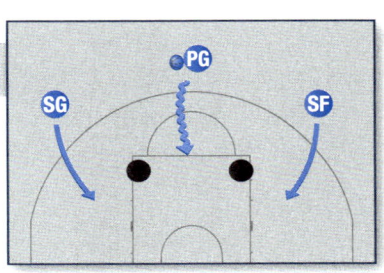

3 대 3의 속공

속공에 참여한 동료와 상대 수비의 수가 같더라도 원칙대로 움직이면 속공을 성공시킬 수 있다. 측면으로 돌파해 수비의 균형을 무너트리는 것이 포인트다.

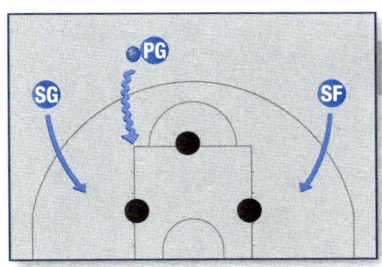

4 대 3의 속공

3 대 3이나 3 대 2는 아웃사이드 플레이어만이 속공에 참여하지만 4 대 3의 경우에는 아웃사이드 플레이어와 함께 PF의 움직임이 성공의 열쇠가 된다. 적절한 타이밍에 골밑으로 달려들자.

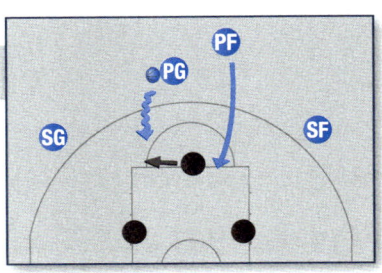

PART 7 속공을 전개하는 방법

속공의 레인

포지션별로 정해진 코스를 달려 속공의 기반을 만든다

리바운드 후 상대 진영으로 달리는 경로

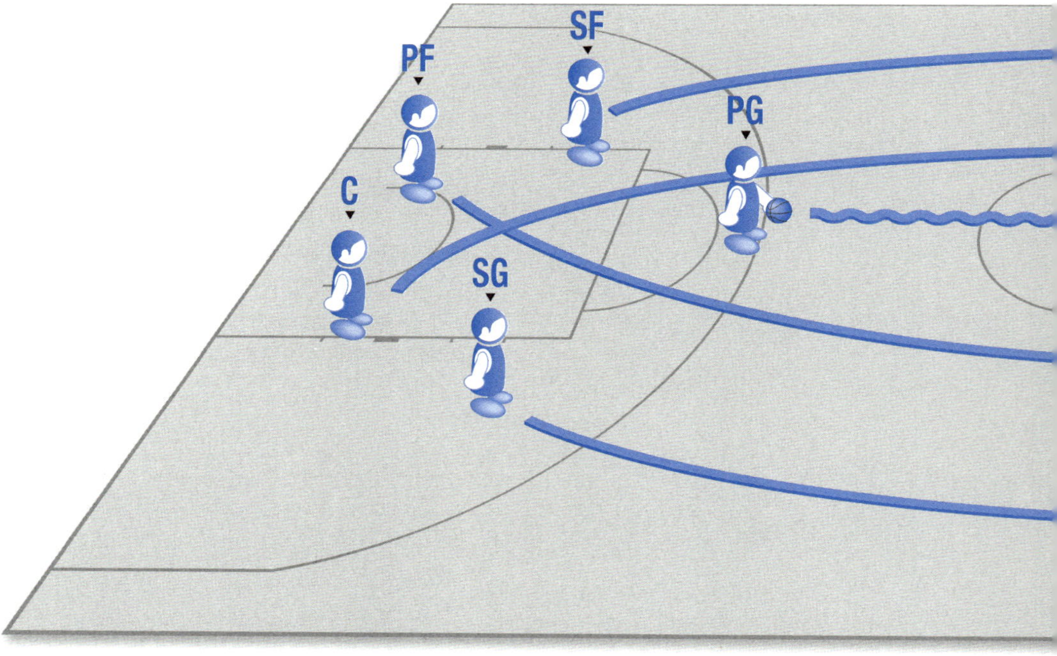

먼저 공을 받은 PG와 SG, SF의 3명이 가로로 나란히 달리는 형태를 만들자. PF와 C는 뒤따라서 중앙 레인을 달리며, 아웃사이드 플레이어 3명이 상대 수비를 무너트리지 못했을 경우의 연계 플레이를 노린다.

| 이럴 때 사용한다 | **일단은 아웃사이드 플레이어 3인이 먼저 달린다**

속공은 단순히 상대의 골밑을 향해 달리면 되는 플레이가 아니다. 각 포지션별로 정해진 코스가 있으며, 이것을 '속공 레인'이라고 말할 수 있다. 물론 인원수와 포지셔닝에 따라 속공의 형태가 달라지지만, 아래 그림의 레인이 모든 속공의 기본이 된다. 기본적으로는 PG를 중심으로 한 아웃사이드 플레이어 3명이 먼저 상대 진영으로 달려가 마무리를 노리며, 그 뒤를 PF와 C가 쫓아가 코트 중앙 부근에서의 연계 플레이를 노리고 달려드는 것이 원칙이다.

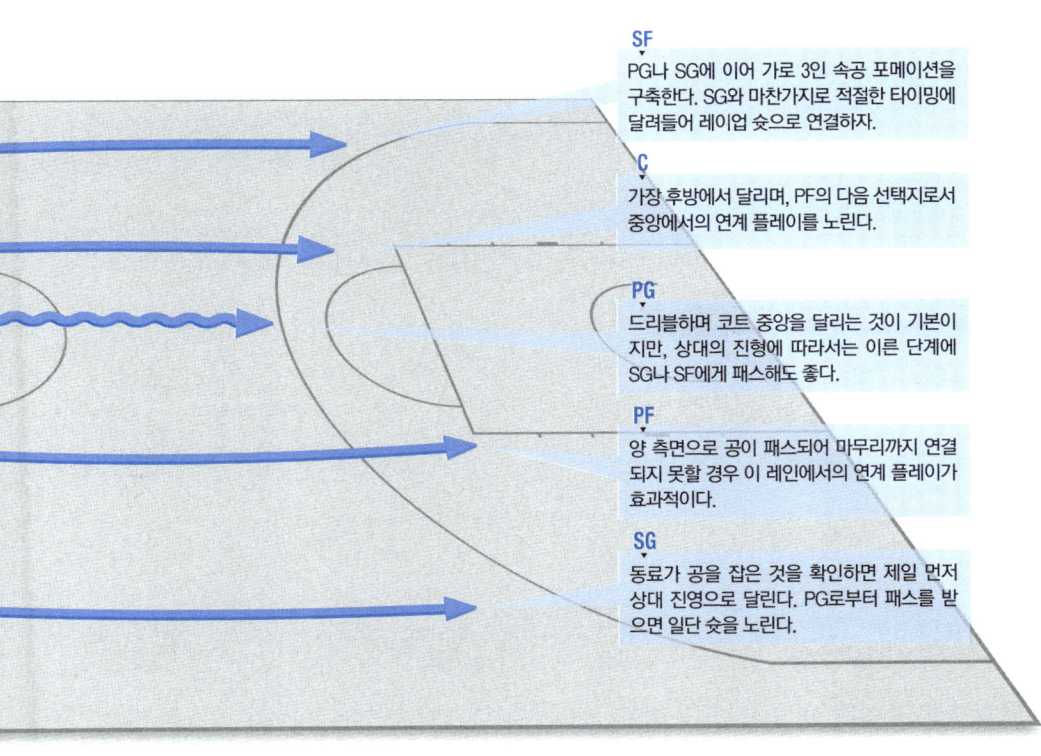

SF
PG나 SG에 이어 가로 3인 속공 포메이션을 구축한다. SG와 마찬가지로 적절한 타이밍에 달려들어 레이업 슛으로 연결하자.

C
가장 후방에서 달리며, PF의 다음 선택지로서 중앙에서의 연계 플레이를 노린다.

PG
드리블하며 코트 중앙을 달리는 것이 기본이지만, 상대의 진형에 따라서는 이른 단계에 SG나 SF에게 패스해도 좋다.

PF
양 측면으로 공이 패스되어 마무리까지 연결되지 못할 경우 이 레인에서의 연계 플레이가 효과적이다.

SG
동료가 공을 잡은 것을 확인하면 제일 먼저 상대 진영으로 달린다. PG로부터 패스를 받으면 일단 슛을 노린다.

선수의 움직임
볼의 움직임
드리블의 움직임
스크린의 움직임

PART 7 속공을 전개하는 방법

PG · SG · SF의 레인

아웃사이드 플레이어 3명이 속공을 진행한다

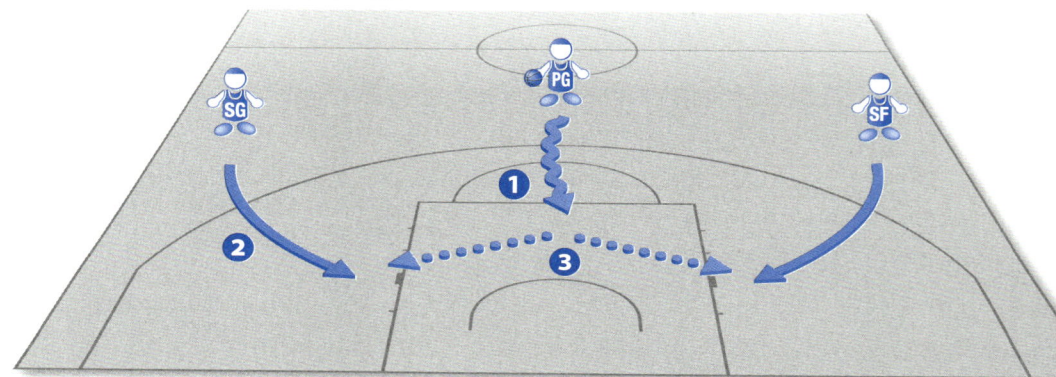

각 포지션의 움직임

❶ PG는 드리블로 파고든다.
❷ SG와 SF는 레인을 달린다.
❸ PG는 슛으로 연결하거나 패스를 한다.

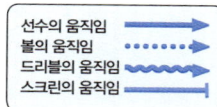

기술 가이드 — 속공의 주역이 되는 3인의 플레이어

속공의 주역은 아웃사이드 플레이어인 PG, SG, SF다. 리바운드 후 패스를 받은 PG가 드리블을 하며 코트 중앙을 달리고, 양 사이드를 SG와 SF가 달리는 것이 기본적인 형태다. 그 후의 전개는 상대의 진형에 따라 달라지는데, 3 대 2 등 중앙이 허술하다면 그대로 PG가 드리블로 파고들고, 4 대 3이나 3 대 3 등 중앙에서 수비를 무너트릴 수 없을 경우는 사이드로 패스하자. 사이드로 패스할 경우 PG는 패스를 보낸 플레이어의 후방으로 움직이는 것이 기본이다.

| 이럴 때 사용한다 | **아웃사이드 플레이어가 주도한다** |

아웃사이드 플레이어는 기동력이 있기 때문에 공수 전환을 빠르게 할 수 있다. 리바운드나 턴오버 등으로 공을 빼앗았다면 먼저 이 3명으로 신속하게 공격할 방법을 생각하자.

사이드로 패스를 전개할 경우의 움직임

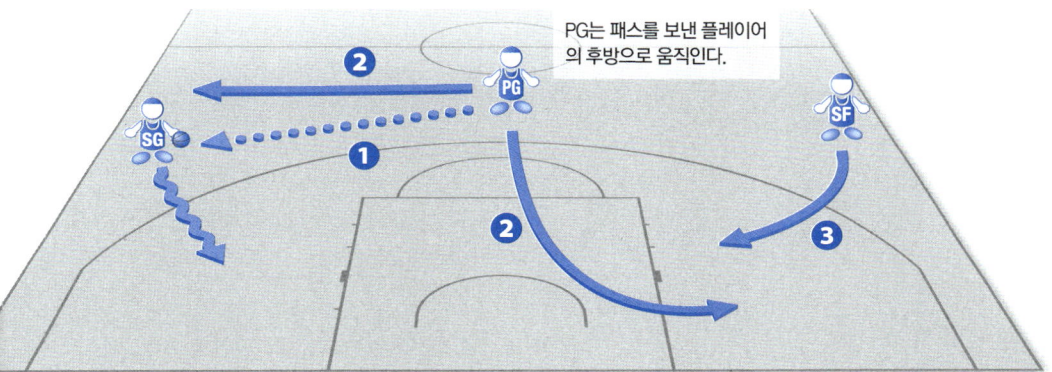

각 포지션의 움직임

1. PG는 SG에게 패스한다.
2. PG는 SG의 뒤쪽으로 들어가거나 중앙을 달린 뒤 사이드로 이동한다.
3. SG는 드리블로 파고들고, SF는 레인을 달린다.

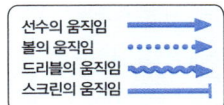

밀착 어드바이스

사이드로 패스했다면 중앙을 비운다

PG는 사이드로 패스를 전개한 뒤 패스를 보낸 선수의 뒤쪽으로 돌아 들어가는 것이 기본이다. 이것은 리턴 패스를 받기 쉽도록 하는 동시에 중앙의 공간을 비운다는 의미가 있다. 중앙을 비우는 이유는 아웃사이드 플레이어를 쫓아서 올라오는 PF와 C의 레인을 만들어 주기 위함이다. 이곳으로 달려든 두 선수가 다음 공격의 선택지가 된다.

PART 7 속공을 전개하는 방법

PF · C의 레인

인사이드 플레이어가 이어서 속공 플레이에 합류한다

1

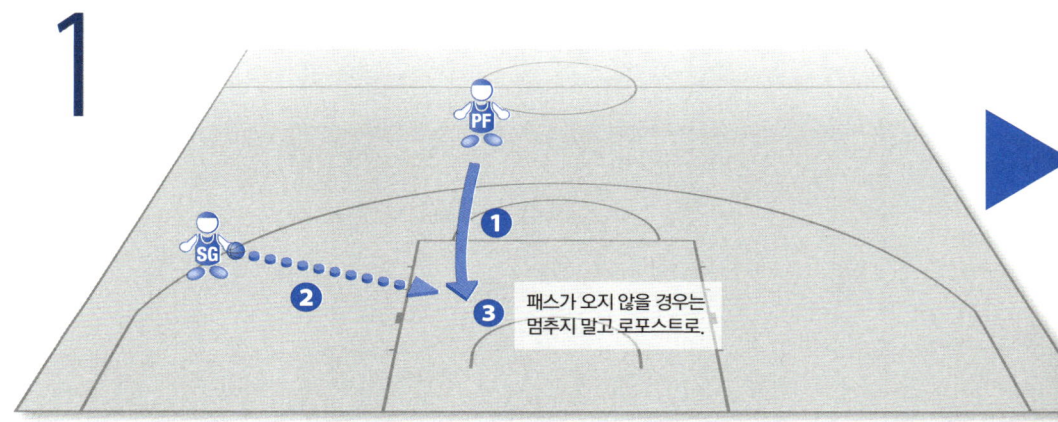

패스가 오지 않을 경우는 멈추지 말고 로포스트로.

각 포지션의 움직임

❶ PF는 골대 앞으로 달려든다.
❷ SG는 달려든 PF에게 패스한다.
❸ PF는 슛을 하며, 패스가 오지 않는다면 로포스트로 이동한다.

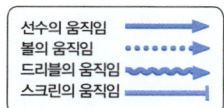

선수의 움직임
볼의 움직임
드리블의 움직임
스크린의 움직임

| 기술 가이드 | **중앙에서 세컨드 찬스를 만든다** |

아웃사이드 플레이어 3명이 속공의 퍼스트 옵션이라면 PF와 C는 세컨드 옵션이 된다. 시간차를 두고 중앙의 레인으로 달려들어 둘 중 한 명이 연계 플레이의 패스를 받는 것이 기본적인 공식이다. 먼저 PF가 달려들어 페인트 존 부근에서 패스를 받아 레이업 슛을 노리자. 패스를 받지 못했다면 PF는 로포스트까지 이동해 공간을 비우고, 이어서 C가 하이포스트 부근으로 달려든다. 패스를 받는다면 미들 레인지 슛을 노리자.

| 이럴 때 사용한다 | 속공이 저지당했을 경우 |

상대 수비진이 빠르게 돌아와 아웃사이드 플레이어 3명의 속공이 저지당한 상황에서는 뒤이어 달려든 인사이드 플레이어와 연계하는 플레이를 자주 볼 수 있다.

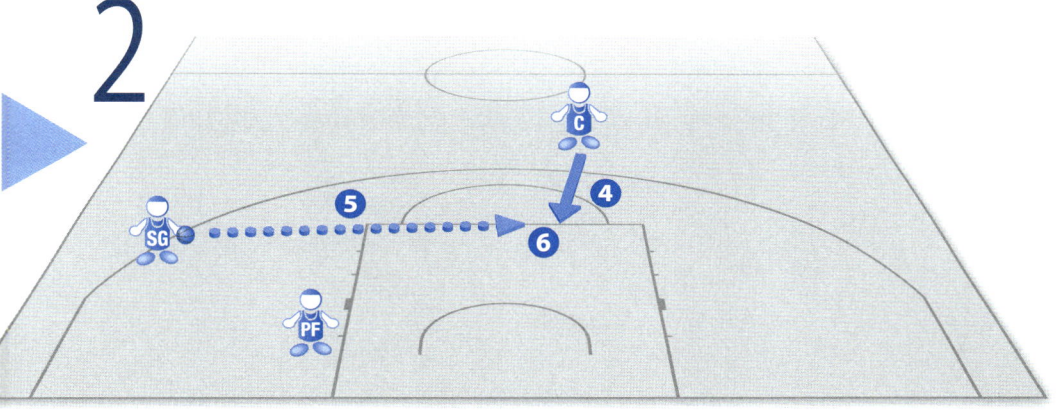

❹ C는 PF에 이어 하이포스트 지역으로 달려든다.
❺ SG는 달려온 C에게 패스한다.
❻ C는 미들 레인지에서 슛을 노린다.

밀착 어드바이스

PF와 C는 반드시 시간차를 두고 달린다

인사이드가 올라갈 때의 포인트는 '시간차'다. 두 선수가 시간차를 두고 달리면 처음에 달려든 PF가 상대를 끌어들여 로포스트로 빠져나감에 따라 생긴 공간을 C가 이용하는 패턴을 만들기에도 용이하다. 같은 레인을 달리지 않도록 주의하는 것도 중요하다. 각각 페인트 존의 양쪽 가장자리의 연장선상을 달리는 느낌으로 달리면 된다.

PART 7 속공을 전개하는 방법

3 대 2의 속공 ①
상대 수비수가 가로로 나란히 선 상황에서 공격한다

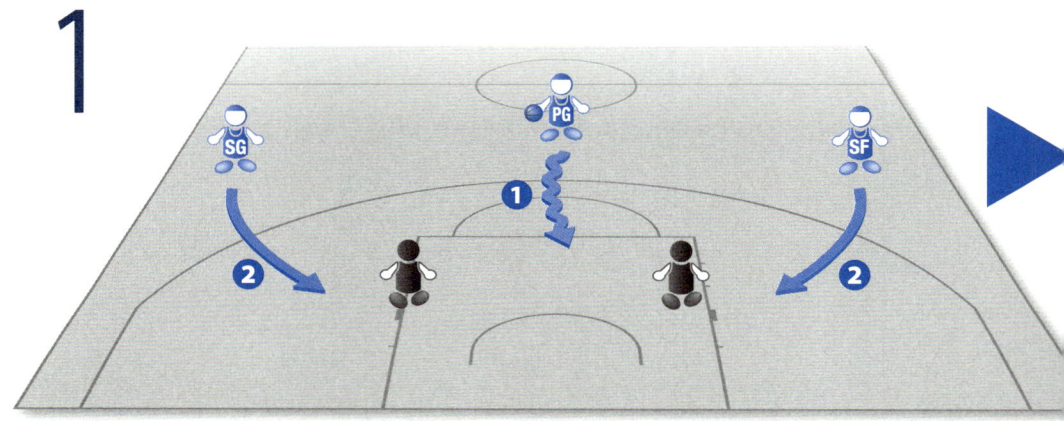

각 포지션의 움직임

❶ PG는 어느 한 수비수가 마크를 하러 올 때까지 드리블을 한다.
   오지 않을 경우는 그대로 레이업 슛을 노린다.

❷ SG와 SF는 그대로 레인을 달린다.

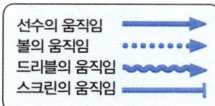

선수의 움직임
볼의 움직임
드리블의 움직임
스크린의 움직임

기술 가이드　　**중앙 돌파로 상대를 끌어낸다**

구체적인 속공 상황에서 어떻게 움직여야 할지를 살펴보자. 먼저 3 대 2의 상황에서는 상대의 포지셔닝이 포인트가 된다. 그림과 같이 가로로 나란히 섰을 경우는 한가운데에 있는 PG가 기점이 되는 것이 이상적이다. PG는 수비수 한 명을 유인하고 그로 인해 생긴 공간으로 달려든 동료에게 패스하자. 한가운데를 공격함으로써 가로로 나란히 선 수비수를 끌어들인 다음 좌우의 레인에서 마무리한다고 생각하면 될 것이다.

| 이럴 때 사용한다 | 볼 맨에 대한 경계심이 낮을 때 |

상대가 가로로 나란히 서 있을 때는 중앙의 볼 맨보다 좌우의 레인을 더 경계하게 된다. 일단 PG가 드라이브를 해서 중앙을 의식하도록 만든 다음 좌우의 레인을 이용하자.

❸ SF 쪽의 수비수가 마크하기 위해 움직인다.
❹ PG는 공간으로 달려든 SF에게 패스하고, SF는 그대로 슛을 한다.

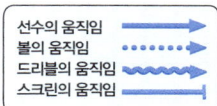

> **밀착 어드바이스**
>
> ### 3 대 2에서 2 대 1, 1 대 0을 만들 것을 의식한다
>
> 이 상황에서는 중앙에서의 드리블로 수비를 유인해 PG와 SF의 공격수 2명 대 수비수 1명의 상황을 만들어냈다. 여기에서 SF에게 패스가 성공하면 최종적으로 골대 앞에 아무도 없는 상황이 된다. 속공을 할 때는 수적 우위를 유지한 채 인원수를 점점 한정시켜 최종적으로 1 대 0 상황에서 슛으로 연결하는 것을 목표로 삼자.

PART 7 속공을 전개하는 방법

3 대 2의 속공②
상대 수비수가 세로로 나란히 서 있는 상황에서 공격한다

1

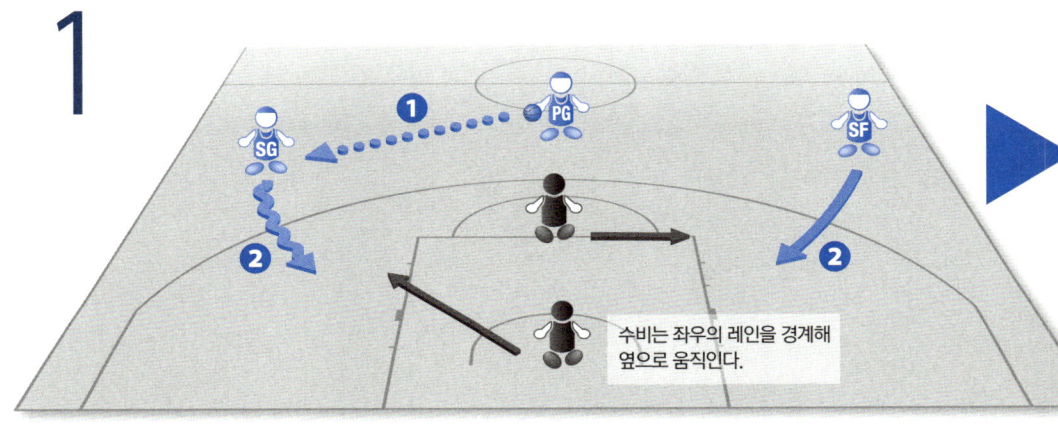

수비는 좌우의 레인을 경계해 옆으로 움직인다.

각 포지션의 움직임

❶ PG는 드리블을 멈추고 사이드의 SG에게 패스한다.
❷ SG는 드리블, SF는 그대로 레인을 달린다.

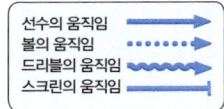

| 기술 가이드 | 사이드로 패스를 돌려서 수비진이 가로로 서게 만든다 |

상대가 세로로 나란히 서 있는 경우, 중앙의 수비가 강하기 때문에 PG가 공격의 기점이 되는 것은 좋지 않다. 이른 시점에서 좌우 어느 한 쪽으로 패스를 돌려 사이드에서의 드리블로 전환하자. 이렇게 하면 상대는 가로로 나란히 설 수밖에 없다. 일단 가로로 나란히 서게 되면 그다음에는 앞에서 말한 것과 같은 방법으로 무너트린다. 다시 PG에게 패스를 돌려서 반대 사이드의 플레이어와 2 대 1의 상황을 만들 수 있다. 이때 주의해야 할 것은 사이드로 첫 패스를 할 때의 타이밍이다. 이 타이밍이 늦으면 공간이 없어져 수적 우위를 만들 수 없게 된다.

| 이럴 때 사용한다 | 볼 맨의 돌파를 경계하고 있을 때 |

세로로 나란히 선 진형은 볼 맨의 돌파를 경계하고 있다는 증거다. 이런 상황에서 무리하게 드리블 돌파를 시도하는 것은 판단력이 부족한 플레이라고 할 수 있다. 반드시 사이드로 패스를 전개하자.

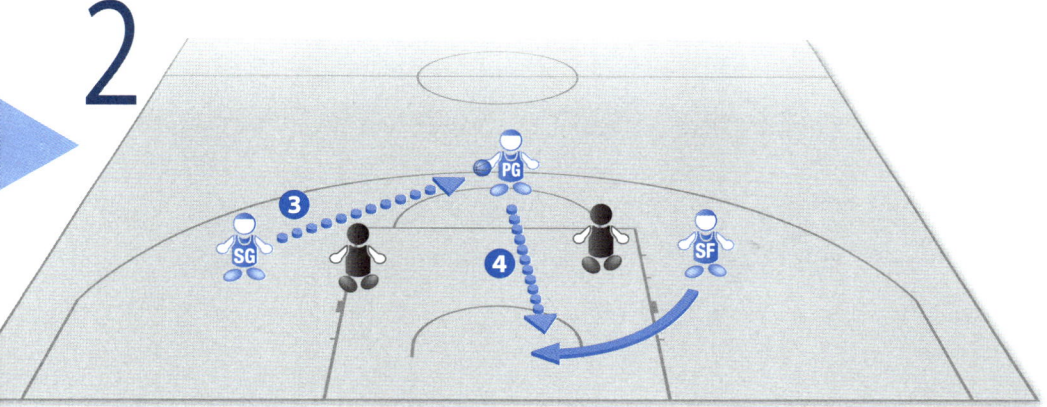

❸ SG는 중앙의 PG에게 리턴 패스를 한다.
❹ PG는 상황에 따라 달려간 SF에게 패스하거나 자신이 직접 슛을 한다.

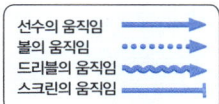

밀착 어드바이스

센터 라인을 넘기 전에 상대의 진형을 파악한다

세로로 나란히 선 수비 진형을 무너트릴 때는 가로로 나란히 섰을 때보다 더 많은 패스가 필요하다. 그만큼 슛을 할 때까지 시간이 걸리며, 그 사이에 공간이 사라지기 쉽다. 확실히 마무리하기 위해서는 첫 패스를 얼마나 빨리 하느냐가 중요하다. 센터 라인을 넘기 전에 상대의 진형이 가로인지 세로인지 파악해 두자.

PART 7 속공을 전개하는 방법

3 대 3의 속공
공격과 수비의 인원수가 같은 상황을 타개한다

1

전위와 후위가 세로로 나란히 서도록 만드는 것이 포인트.

각 포지션의 움직임

① PG는 속도를 내면서 드리블한다.
② SG와 SF는 그대로 레인을 달린다.

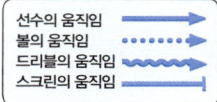

선수의 움직임
볼의 움직임
드리블의 움직임
스크린의 움직임

| 기술 가이드 | **전위를 어느 한 사이드로 이동시킨다** |

수비진 3명이 수비를 위해 돌아와 그림 1과 같이 삼각형의 진형을 짜고 있을 경우, PG가 그대로 중앙을 돌파하면 수적 우위를 만들지 못해 속공이 막히게 된다. 그러므로 PG는 먼저 어느 한 사이드로 치우치며 드리블해 전위의 수비수를 움직일 궁리를 하자. 후위 중 1명과 전위가 세로로 나란히 서도록 만들었으면 남은 것은 반대 사이드의 속공 코스를 어떻게 잡느냐다. SF가 수비의 앞쪽 공간으로 달려들 수 있으면 패스 한 번에 슛까지 연결할 수 있는 형태가 완성된다.

194

| 이럴 때 사용한다 | PF나 C가 늦게 올라오고 있을 때 |

PF나 C가 달려오고 있다면 4 대 3이 되기를 기다려 중앙에서 연계 플레이를 노리는 선택지도 있다. 그러나 합류가 늦다면, 한쪽 사이드로 치우쳐서 3 대 3으로 수비를 무너트리는 방법이 효과적이다.

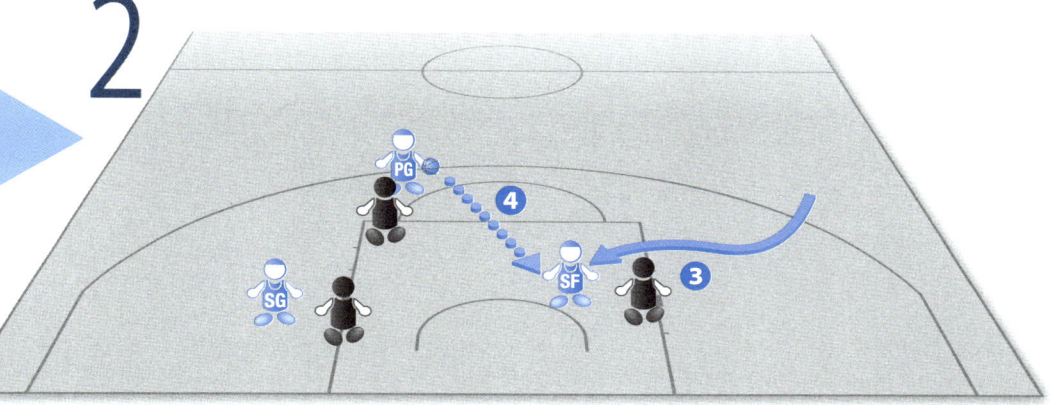

❸ SF는 수비의 앞쪽으로 들어가듯이 달려든다.
❹ PG는 SF에게 패스하고, SF는 그대로 슛을 한다.

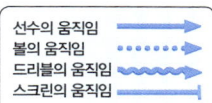

| 밀착 어드바이스 |

어느 쪽 사이드로 치우칠 때 공격이 수월할지도 생각한다

좀 더 수준 높은 플레이를 지향한다면 단순히 어느 한쪽으로 치우치는 것이 아니라 어느 사이드로 치우칠 때 공격이 좀 더 수월할지도 고려하는 것이 바람직하다. 수비의 진형이나 공간, 동료의 이동 코스나 달려드는 타이밍 등을 계산해 좀 더 공략하기 수월한 사이드를 선택할 수 있다면 속공의 성공률도 높아진다.

PART 7 속공을 전개하는 방법

4 대 3의 속공
뒤쫓아 온 PF를 활용해 슛을 노린다

각 포지션의 움직임

❶ PG는 드리블로 전진한다.
❷ PF는 PG의 드리블에 수비가 반응한 결과 생긴 공간으로 달려든다.

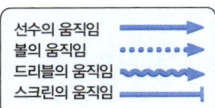

| 기술 가이드 | **PG와 PF 2명이 전위에서 공격한다** |

속공의 선봉은 아웃사이드 플레이어 3명이다. 여기에 PF가 속공에 가담하면 4 대 3의 형태가 된다. 이 상황에서는 전위의 수비에 대해 PG와 PF 둘이 공격하는 것이 포인트가 된다. 후위의 수비는 사이드의 레인을 경계하고 있을 때가 많기 때문에 잘만 하면 2 대 1의 상황으로 이끌 수도 있다. PG는 어느 한 사이드로 치우쳐 드리블해 전위를 끌어들인다. PF는 그 공간으로 달려들어 PG와 패스 교환을 노리자.

| 이럴 때 사용한다 | **PF가 빨리 올라왔을 때** |

PF의 신속한 가담이 없으면 4 대 3은 성립하지 못한다. 핵심은 볼 맨의 시야다. 후방의 PF가 올라오는 상황을 보고 3 대 3으로 공격해야 할지, 4 대 3을 만들 수 있을지 정확히 판단해야 한다.

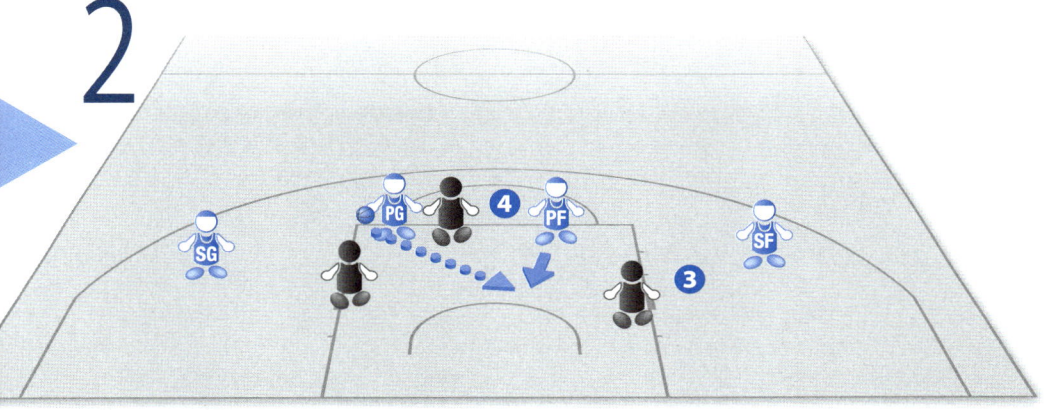

❸ PG는 달려든 PF에게 패스한다.
❹ PF는 그대로 슛을 한다.

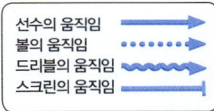

밀착 어드바이스

동료가 달려들 레인을 만드는 것이 중요

PG는 자신의 드리블 레인뿐만 아니라 동료가 어떤 레인으로 달려들면 속공으로 연결될지를 항상 머릿속에 그려 놓아야 한다. 그림 1에서 한가운데로 드리블을 하면 PF가 달려들 레인이 사라져 공격이 정체되고 만다. SG의 사이드로 치우쳐서 드리블해 PF의 레인을 만드는 것이 이 상황에서 최선의 선택이다.

농구 용어 다시보기

프런트 코트 Front court

상대 팀의 골대가 있는 하프 코트를 가리킨다. 또는 인사이드 플레이어의 총칭으로 사용될 경우도 있다.

플래시 Flash

패스를 받을 위치로 재빨리 들어가고, 공이 오지 않을 경우는 즉시 그 자리를 벗어나는 동작을 빗댄 표현. 주로 하이포스트에 들어갈 때 사용한다.

피벗 Pivot

공을 가진 상태에서 한 발을 축으로 하여 몸의 방향을 바꾸는 동작을 말한다. 축이 되는 중심발(피벗 풋)은 항상 바닥에 붙어 있어야 하며, 다른 한 발은 몇 번을 움직이든 트래블링이 되지 않는다.

필드 골 Field goal

자유투를 제외하고 경기가 진행 중인 상태에서 던진 슛을 통한 득점을 가리킨다. FG로 줄여서 표기할 때도 많다.

픽 앤드 롤 Pick and roll

인사이드 플레이어가 스크린(픽)을 한 뒤에 골밑 쪽으로 턴(롤)해서 달리는 플레이를 가리킨다. 이와 비슷한 전술로, 스크린을 서고 있던 선수가 스크린을 건 후에 골밑으로 들어가는 것(픽 앤드 롤)이 아니라 3점 슛 라인으로 빠져 외곽 슛을 노리는 픽 앤드 팝이 있다.

하프 코트 오펜스 Half court offense

수비 팀이 대형을 갖추고 있는 상태에서 이루어지는 공격. 세트 오펜스라고도 부른다.

3아웃 2인 3out 2in

아웃사이드 3명, 인사이드 2명의 공격 진형. 강력한 인사이드 플레이어를 중심으로 공격하는 팀이 주로 사용한다.

4아웃 1인 4out 1in

아웃사이드 4명, 인사이드 1명의 공격 진형. 재빠른 패스 돌리기와 외곽 슛을 중심으로 공격하는 팀에게 적합하다.

PART 8
경기를 진행하는 방법

흔히 "강한 팀은 이기는 법을 안다."라는 말을 한다. 이기는 방법이란 경기의 상황을 승리에 가까워지도록 만들어 나가는 과정이다. 마지막 파트에서는 게임 플랜과 타임아웃, 선수 교체 같은 여러 가지 전략적인 노림수 가운데 그날의 승리에 필요한 한 수를 선택하기 위한 지침을 소개한다.

PART 8 경기를 진행하는 방법

기본 개념과 기초 지식
경기를 진행하는 방법을 살펴보자

 경기를 진행하는 방법을 이해하기 위한 세 가지 요소

승리를 차지하기 위해서는 경기의 흐름을 정확히 읽고 필요한 수단을 적시에 활용할 수 있느냐가 관건이 된다. 전략과 시간을 활용하고 선수 교체 같은 요소를 고려하며 경기의 상황에 맞춰 팀을 수정해 나가는 것이 중요하다.

1 전략 관리
전략이란 상대에 맞춰 구체적인 계획을 짜고 실행해 나가는 것이다. 경기 상황에 맞춰 타임아웃이나 선수 교체 등을 통해 유연하고 효과적으로 전략을 수정해 나갈 수 있느냐가 승리의 요건이 된다.

2 시간 관리
경기의 종반에는 점수 차와 남은 시간의 승부가 된다. 시간을 어떻게 활용해 승리로 연결시킬지를 생각해야 한다.

3 선수 관리
농구는 팀 스포츠다. 벤치 멤버를 포함한 선수의 관리도 중요하다. 선수의 교체 타이밍도 중요하지만, 의욕을 이끌어내는 것도 매우 중요하다.

경기를 진행하는 방법에는 이런 프로세스가 있다!

게임 플랜을 세우고 타임아웃이나 선수 교체로 그 계획을 수정해 나가는 것이 경기를 진행하는 기본적인 프로세스다. 경기 종반에는 시간 활용과 파울 작전 등이 승리를 차지하기 위한 효과적인 수단이 된다.

1 게임 플랜의 수립

경기에서 승리하기 위해 기본적으로 필요한 것이 게임 플랜이다. 선발 선수 구성부터 상대 팀의 장단점을 파악한 수비·공격 전술 등이 포함된다. 상대를 이기기 위해 생각해야 할 점을 확인해 두자.

2 타임아웃

타임아웃은 경기 중에 전략을 수정할 수 있는 귀중한 기회다. 게임 플랜과 현재의 상황을 비교하며 플랜을 수정해 나가는 것이 중요하다.

3 선수 교체

선수 교체의 자유도가 높은 농구에서는 선수 교체가 전술적으로도 중요하다. 어떻게 선수를 교체해야 팀에 플러스가 될지 파악하자.

4 시간 활용

경기 종반에는 이기고 있느냐 지고 있느냐에 따라 시간을 활용하는 방식에 명확한 차이가 있다. 각 상황에서 승리하기 위한 방법을 고민해 두자.

5 파울 작전

1분 전후를 남긴 상황에서 지고 있을 때 필요한 특수한 전략이다. 파울을 해서 시간을 멈춤으로써 경기의 진행을 늦추려는 목적이 있다.

PART 8 경기를 진행하는 방법

게임 플랜을 세우는 방법

플랜을 짜고 경기를 승리로 이끈다

게임 플랜과 경기 진행

STEP 1 상대의 특성을 안다

- 평균 득점 85점
- 인사이드가 강하다

경기를 시작하기 전에 상대 팀의 성격을 알아 두는 것은 매우 중요하다. 특히 상대 팀의 평균 득점은 게임 플랜을 세울 때 매우 알기 쉬운 기준이 된다.

STEP 2 목표를 세운다

또는
- 85점 이상 득점한다
- 실점을 자기 팀의 평균 득점 이하로 억제한다

다음은 실제 목표를 세워 나간다. 평균 득점이 상대보다 낮다면 실점을 억제하고, 상회한다면 득점을 하는 데 중점을 두는 식으로 구체적인 스코어도 생각하자.

STEP 5 계획을 수정한다

- 수비 위주로 포진한다
- 아웃사이드에 의지하지 않는다

실천의 다음은 결과에 맞춰서 수정해 나가는 작업이다. 하프타임의 스코어가 50 : 45였으므로 공격은 순조롭지만 실점이 계획보다 많다. 따라서 수비 중시의 전술로 전환한다.

STEP 6 경기에 이긴다

- 82 : 80으로 승리

경기가 종반까지 진행되면 게임 플랜이라기보다 실제 점수 차이와의 줄다리기가 된다. 득점은 부진했지만 실점을 억제함으로써 승리를 거둘 수 있었다.

> **밀착 어드바이스**
>
> **강한 팀은 게임 플랜을 철저히 세운다**
> 선수의 컨디션이 좋으면 이기고 나쁘면 지는 팀은 게임 플랜을 제대로 세우지 않는다는 증거다. 승률을 높이기 위해서는 철저한 계획의 수립이 필요하다.

STEP 3 전술을 세운다

- 공격적으로 포진한다
- 아웃사이드에서 공격한다

구체적인 계획을 세웠으면 그것을 실행하기 위한 전술을 수립한다. 이 경우에는 득점을 중시하면서 상대와의 인사이드 승부를 피한다는 전술을 세웠다.

▶▶▶

STEP 4 계획을 실천한다

- 2쿼터가 끝났을 때 50 : 45
- 외곽 슛이 들어가지 않는다

전술을 세웠으면 드디어 실전에 들어간다. 1쿼터나 2쿼터가 끝났을 때 현재의 상황이 자신들의 계획대로 흘러가고 있는지 검토하고 후반전의 전술을 판단하는 근거로 삼는다.

▶▶▶

기술 가이드 — **계획했던 스코어를 기준으로 역산한다**

경기를 진행할 때의 포인트는 목표가 되는 스코어를 먼저 설정하는 것이다. 목표를 세우고 그 목표로부터 스코어를 역산해 나가면 경기 중에 무엇을 해야 할지 보이게 된다. 점수를 너무 많이 내고 있다면 수비 태세로 전환하고, 득점이 부족하다면 공격의 템포를 높이는 등 상황에 맞춘 게임 플랜을 세워 나갈 수 있을 것이다. 이러한 명확한 계획이 있을 때 비로소 포메이션 등의 구체적인 전술도 힘을 발휘한다.

PART 8 경기를 진행하는 방법

타임아웃을 이용하는 방법

90초 동안의 타임아웃으로 선수에게 생각할 시간을 준다

 타임아웃의 규정

- ● 요청할 수 있는 횟수

전반전	**2**회
후반전	**3**회
연장전	**1**회

- ● 얻을 수 있는 시간

  1회당 **90**초

- ● 요청할 수 있는 타이밍
  - – 데드 볼 상태가 되어 게임 워치가 멈췄을 때.
  - – 마지막 자유투가 성공해 데드 볼 상태가 되었을 때.
  - – 상대 팀의 야투(필드 골)가 들어갔을 때.

  ※ 자기 팀의 슛이 성공했을 때는 요청할 수 없으니 주의한다.

기술 가이드 — 타임아웃은 선수를 위해서 요청하는 것

타임아웃의 첫 번째 목적은 좋지 않은 경기 흐름을 끊는 것이다. 상대에게 연속 득점을 허용하거나 공격에서 계속 실수를 저질렀을 때 등 팀의 상태가 나쁠 때 타임아웃을 요청하면 선수에게 생각할 시간을 주고 전술적인 타개책도 강구할 수 있다. 중요한 점은 '타임아웃은 선수를 위해서 요청하는 것'이라는 의식이다. 코트 안의 선수들이 어떤 상황에 있는지 파악해 힘들어할 만한 시간대에 타임아웃을 요청하자.

GOOD! 바람직한 타임아웃

- **나쁜 흐름을 끊는다** — 타임아웃을 요청하는 타이밍의 대전제다. 팀이 냉정을 잃어서 진정시켜야 할 때 등에 효과적이다.

- **전술을 제시한다** — 수비에 집중케 한다거나 공격 전술을 바꾸는 등 구체적인 목적을 가지고 타임아웃을 요청하자.

- **선수에게 휴식을 준다** — 경기 종반 등에는 선수들이 지쳐서 열세에 놓이는 경우도 있다. 타임아웃은 선수에게 휴식을 주는 귀중한 시간이기도 하다.

BAD! 바람직하지 않은 타임아웃

- **좋은 흐름을 끊어 버린다** — 기본적으로 팀의 흐름이 좋을 때 타임아웃을 부르는 것은 부적절하다. 흐름이 나빠졌을 때 요청하자.

- **선수의 혼란을 가중시킨다** — 시간 내내 그저 화만 낸다면 선수를 혼란에 빠트릴 뿐이다. 선수를 진정시켜 냉정하게 플레이할 수 있도록 하는 것이 중요하다.

- **상대를 돕는다** — 상대 팀의 조직력이 엉망일 때, 지쳤을 때 타임아웃을 요청하면 오히려 상대 팀을 돕는 상황이 될 수도 있으니 주의하자.

밀착 어드바이스

화만 내지 말고 한마디라도 힘이 되는 조언을 한다

"지금 뭐 하고 있는 거야!", "이기기 싫어? 의욕을 내라고!" 귀중한 타임아웃 시간에 무작정 화만 내서는 경기의 흐름을 바꿀 수 없다. 설령 구체적인 전술을 제시할 수 없더라도 "자, 힘내서 리바운드를 따내자고!", "우리 좀 더 집중해서 수비해 보자!" 같은 단순한 격려 한마디에 선수들이 차분함을 되찾아 열세를 만회하는 경우도 있다.

PART 8 경기를 진행하는 방법

선수 교체를 이용하는 방법
단순히 선수를 바꾸는 것이 아니라 목적을 지니고 교체하자

 선수 교체의 규정

- **경기에 나올 수 있는 선수**
  원칙적으로 **12**명까지.

- **교체할 수 있는 횟수**
  5반칙 등으로 출장할 수 없을 때까지는 몇 번이라도 가능하다.

- **교체 방법**
  교체되어 들어가는 선수가 공식적으로 직접 선수 교체를 요청한다.

- **교체할 수 있는 타이밍**
  - 데드 볼 상태가 되어 게임 워치가 멈췄을 때.
  - 마지막 자유투가 성공해 데드 볼 상태가 되었을 때.
  - 4쿼터의 마지막 2분 동안 상대의 야투가 들어갔을 때.

  ※ 타임아웃과 달리 4쿼터 마지막 2분 이외에는 교체할 수 없으니 주의한다.

기술 가이드 — **선수 교체는 팀의 상황을 나타내는 척도**

선수 교체를 몇 번이든 할 수 있다는 점은 농구라는 스포츠의 큰 특징이다. 경기를 진행할 때 선수 교체는 팀의 상황을 나타내는 척도다. 게임 플랜에 따른 선수 교체나 목적이 있는 선수 교체는 팀에 긍정적인 교체다. 이런 교체가 늘어난다는 것은 그만큼 우위에서 경기를 진행하고 있다는 증거다. 반대로 예상외의 교체 등 팀에 부정적인 교체가 늘어난다면 그만큼 팀이 열세에 놓여 있다고 생각할 수 있다.

GOOD! 긍정적인 선수 교체

- **타임아웃 대용으로 이용한다**
  > 교체할 선수에게 전술을 알려서 팀에 목적을 부여하는 교체는 최상의 교체다. 귀중한 타임아웃을 아낄 수 있을 뿐만 아니라 잘만 하면 경기의 흐름을 바꿀 수도 있다.

- **게임 플랜에 따른 선수 교체**
  > 후반전을 대비해 선수를 보호하거나 수비가 강한 선수를 투입해 수비를 중시하는 등 팀의 게임 플랜을 반영한 교체는 매우 효과적이다.

BAD! 부정적인 선수 교체

- **컨디션 난조로 인한 교체**
  > 어쩔 수 없기는 하나, 선수의 컨디션이 좋지 않아서 계획에 없던 교체를 하는 것은 팀에 마이너스가 된다. 이럴 때를 대비해 분위기를 바꿀 수 있는 후보 선수를 키워 두자.

- **선수의 의욕이 낮아진다**
  > 팀 분위기의 문제인데, 후보 선수나 교체되는 선수의 의욕이 낮은 상태에서는 선수 교체가 효과적으로 이뤄질 수 없다.

밀착 어드바이스

팀의 일체감을 형성함으로써 효과적인 선수 교체를 이룬다

강한 팀은 후보 선수도 의욕이 넘치며 일체감이 있기 마련이다. 이런 분위기를 만들려면 평소의 커뮤니케이션이 매우 중요하다. 교체된 선수에 대한 지원과 후보 선수에 대한 동기 부여 등을 확실히 해서 자신이 팀에 참여하고 있다는 의식을 심어 줄 수 있다면 선수 교체는 강력한 무기가 된다.

PART 8 경기를 진행하는 방법

시간을 이용하는 방법

경기 상황에 따라 시간을 적절히 이용한다

 이기고 있을 때의 시간 활용법

GOOD! 좋은 예

- 평소대로 경기를 진행한다

  현재의 상황을 유지하면 이길 수 있는 스코어일 경우, 이쪽에서 먼저 변화를 주기보다 평소대로 경기를 진행하는 것이 중요하다.

- 팀의 약속 사항을 재확인

  '턴오버는 금물이지만 24초 오버타임은 OK' 같은 약속을 확실히 해 놓으면 팀이 혼란에 빠지지 않는다.

BAD! 나쁜 예

- 공격 시간을 최대한 쓴다

  공격 시간을 최대한 쓰는 경기 진행은 1분이 남은 상황에서 10점 차 이상 앞서는 등 승리가 거의 확실한 상황에서 하는 것이 원칙이다. 남은 시간을 최대한 이용한다고 생각하다 보면 소극적이 되어 공격을 할 수 없는 경우가 많으니 주의하자.

시간을 끌지 말고 지금까지와 같은 패턴으로 시간을 이용한다

"이기고 있는 경기에서는 시간을 최대한 써라." 농구에서는 이런 말을 종종 듣는다. 그러나 여기에는 커다란 함정이 있다. 플레이가 소극적이 되는 바람에 좋았던 팀의 균형이 무너질 우려가 있으니 주의하자.

> **밀착 어드바이스**
>
> **3점을 놓쳤으면 연속해서 노리지 않는다**
>
> 지고 있는 상황에서 3점 슛을 노리는 것은 나쁜 선택이 아니다. 다만 연속해서 노리는 것은 성공했을 경우에 한해서다. 슛이 들어가지 않아 오기가 생겨 연속으로 노린다 한들 대개는 들어가지 않는다.

지고 있을 때의 시간 활용법

GOOD! 좋은 예

- **재빨리 공격한다**
  > 당연하지만, 시간을 쓰지 않고 공격하는 것은 중요하다. 다만 무작정 슛을 던지는 것이 아니라 확실한 슛 셀렉션을 해야 함을 잊지 말자.

- **압박 수비를 한다**
  > 지고 있을 때는 어떻게 자신들의 공격 횟수를 늘리느냐가 중요하다. 다소의 리스크를 감수하더라도 패스 차단이나 인터셉트를 노리는 것이 원칙이다.

BAD! 나쁜 예

- **성급하게 플레이한다**
  > 빨리 따라잡고 싶은 마음만 앞서 성급하게 플레이하면 실책으로 연결되기 쉽다. 서두르되, 냉정한 플레이를 명심하자.

- **턴오버**
  > 급한 마음에 허둥지둥 플레이한 결과 발생하기 쉬운 것이 턴오버다. 지고 있는 팀이 턴오버를 저지르면 점수 차이가 좁혀지기는커녕 더욱 벌어지니 주의하자.

속도를 내되, 냉정하게 플레이한다

지고 있는 팀은 가급적 상대가 시간을 쓰지 못하게 하면서 득점을 쌓아 나갈 필요가 있다. 다만 그렇다고 해서 성급하게 서두르다 실수를 해서는 안 된다. 공격을 착실히 전개해 기회를 만들어 나가는 작업을 게을리하면 점수 차이를 좁히기 어렵다.

PART 8 경기를 진행하는 방법

파울 작전

시간을 멈추기 위해 일부러 파울을 하는 경기 종반의 전술이다

 파울 작전의 개념

	파울을 한다	파울을 하지 않는다
장점	**시간을 멈출 수 있다** 상대에게 자유투가 주어지기 때문에 시간을 경과시키지 않고 공격권을 잡을 수 있다.	**수비에 따라서는 실점을 막을 수 있다** 자신들의 수비에 따라서는 자유투보다 실점을 막을 가능성이 높다.
단점	**점수 차이가 벌어진다** 자유투가 서툰 선수라도 50%는 성공시킨다. 적어도 1점은 더 벌어진다고 각오해야 한다.	**시간이 흘러간다** 상대가 공을 가진 채로 시간이 경과하기 때문에 팀의 공격 기회가 점점 줄어든다.

> **기술 가이드**   남은 공격 횟수를 고려한다

파울 작전은 경기 종반에 수비를 하는 팀이 상대에게 일부러 파울을 하는 전술이다. 시간의 경과를 멈출 수 있으며, 상대가 자유투를 실패하면 점수 차이를 좁힐 가능성이 생긴다. 핵심은 파울 작전을 시작하는 타이밍이다. 남은 시간과 점수 차이가 어느 정도인지, 자기 팀이 앞으로 몇 번을 더 공격할 수 있을지를 고려해 적절한 타이밍을 노려 보자. 1분이 남은 상황에서 7점 차이라면 파울 작전을 시작해도 좋을 것이다.

구체적인 전술

남은 시간 1분에 5점 차로 뒤진 상황. 확률 높은 슛을 던지려면 적어도 10초는 필요하다. 상대의 공격도 고려하면 1분 동안 공격할 수 있는 기회는 2, 3회가 된다. 이 경우, 이대로 파울 작전을 전개하거나 일단 수비를 시도하며 승기를 모색하는 두 가지 전략을 생각할 수 있다. 경기의 전개와 팀의 상태를 고려해 판단하자.

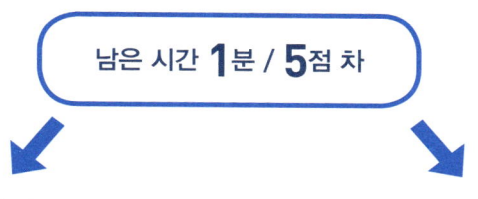

파울을 한다

- **성공** 남은 시간 **1**분 / **5**점 차
- **실패** 남은 시간 **1**분 / **7**점 차

파울을 했을 경우 시간은 멈춘다. 다만 상대는 자유투를 던질 수 있으므로 슛이 들어가면 점수 차이가 벌어지고 만다.

파울하지 않는다

- **성공** 남은 시간 **40**초 / **5**점 차
- **실패** 남은 시간 **40**초 / **7**점 차

수비에 성공하면 점수 차이는 그대로지만 시간은 경과한다. 물론 상대의 슛이 들어가면 점수 차이도 벌어진다.

> **밀착 어드바이스**
>
> **유럽식의 '공격적인' 파울 작전도 효과적이다**
>
> 유럽에서는 남은 시간이 24초 이하라면 1점 차이로 이기고 있어도 파울 작전을 할 때가 많다. 물론 자유투가 둘 다 들어가면 역전을 당하지만, 던지는 선수도 상당한 압박감을 느끼게 된다. 또 설령 역전을 당하더라도 수비가 아닌 공격으로 경기를 마치게 되므로 적극적인 플레이를 유도할 수 있으니 시도해 봐도 흥미로울 것이다.

득점력을 높이는
농구 공격 전술

1판 9쇄 | 2026년 1월 19일
지 은 이 | 사코 겐이치
옮 긴 이 | 김 정 환
발 행 인 | 김 인 태
발 행 처 | 삼호미디어
등   록 | 1993년 10월 12일 제21-494호
주   소 | 서울특별시 서초구 강남대로 545-21 거림빌딩 4층
            www.samhomedia.com
전   화 | (02)544-9456(영업부) / (02)544-9457(편집기획부)
팩   스 | (02)512-3593

ISBN 978-89-7849-568-4 (13690)

Copyright 2018 by SAMHO MEDIA PUBLISHING CO.

출판사의 허락 없이 무단 복제와 무단 전재를 금합니다.
잘못된 책은 구입처에서 교환해 드립니다.